DIANWANG QIYE
DAILI GOUDIAN YEWU
YIBENTONG

电网企业代理购电业务
一本通

国网浙江省电力有限公司 ◎ 编著

企业管理出版社
ENTERPRISE MANAGEMENT PUBLISHING HOUSE

图书在版编目（CIP）数据

电网企业代理购电业务一本通 / 国网浙江省电力有限公司编著 . —北京：企业管理出版社，2024.7（2024.11重印）

ISBN 978-7-5164-2933-4

Ⅰ. ①电… Ⅱ. ①国… Ⅲ. ①电力工业－销售服务－中国 Ⅳ. ① F426.61

中国国家版本馆 CIP 数据核字 (2023) 第 186422 号

书　　名：	电网企业代理购电业务一本通
书　　号：	ISBN 978-7-5164-2933-4
作　　者：	国网浙江省电力有限公司
责任编辑：	蒋舒娟
出版发行：	刘玉双
经　　销：	新华书店
地　　址：	北京市海淀区紫竹院南路17号　　邮　　编：100048
网　　址：	http://www.emph.cn　　电子信箱：metcl@126.com
电　　话：	编辑部（010）68701661　　发行部（010）68701816
印　　刷：	北京亿友数字印刷有限公司
版　　次：	2024年7月 第1版
印　　次：	2024年11月 第2次印刷
规　　格：	700毫米 × 1000毫米　　开　本：1/16
印　　张：	8.25印张
字　　数：	141千字
定　　价：	68.00元

版权所有　翻印必究　·　印装有误　负责调换

编委会

主　　任：杨玉强
副 主 任：何文其　　裘华东　　沈百强
委　　员：侯素颖　　洪健山　　曹瑞峰　　张云雷　　袁　婷
　　　　　林少娃　　周璐瑶　　吴昊天　　王倩莹　　郭大琦
　　　　　陆　雯　　吴一峰　　傅　悦　　杨林华　　杨　侃
　　　　　徐程炜　　王子文　　毛　怡

编写组

主　　编：肖吉东
副 主 编：叶红豆　　方智淳　　赵能能
成　　员：闫　园　　陈麟红　　陈晓媛　　楼霞薇　　吴伟玲
　　　　　金瓯涵　　钱　彦　　王舒鏧　　赵志扬　　罗　勇
　　　　　陈奕汝　　赵婧吟　　林洋佳　　高　函　　庄志画
　　　　　缪文辉　　季小雨　　程叙鹏　　何妍妍　　王哲萍
　　　　　郭烨烨　　徐梦佳　　吴秀英　　项莹洁

前　言

2021年10月23日，国家发展改革委办公厅印发了《关于组织开展电网企业代理购电工作有关事项的通知》，指导各地切实组织开展好电网企业代理购电工作，保障代理购电机制平稳运行，以"六个明确性要求+四项政策协同"的方式对电网企业代理购电做了工作部署，同时明确，组织开展电网企业代理购电工作，要坚持市场方向，要加强政策衔接，要规范透明实施。截至2024年上半年，国网浙江省电力有限公司代理购电工商业用户数360.29万户，占全部工商业用户数量比重为92.5%。从总体情况分析，代理购电用户数量因业扩新装、用户自然增长等因素而有所增加，但占全部工商业用户数量比重基本稳定。代理购电工商业各月均价较为稳定，2024年前两个季度均价为0.480元/千瓦·时。

电网企业代理购电业务的依法合规实施，有利于维护市场主体正当权益，提升市场主体的满意度和获得感，营造公平竞争、高效开放的市场环境，保障市场化改革工作平稳推进。代理购电政策执行正确与否直接关系到千家万户的利益，关系到电网企业的优质服务形象。代理购电管理贯穿业扩报装业务受理、现场勘查、方案制定、定价审核、装表接电、用电检查、营销稽查、营业普查等营销服务各个环节。代理购电政策是否能够执行到位，取决于营销各层面、各专业人员的工作质量。从实际的执行情况看，仍然存在由供电企业、行政管理部门和用户理解不统一造成的代理购电政策执行错误的问题和适用范围规定得不明确、不具体造成的各种问题。

为适应电力市场化改革对购电业务提出的新要求，加强公司营销系统购电专业人才培养，主动参与电力交易规则制定和市场建设，更好地服务各类用户了解市场、参与市场，本书梳理了现行有效的代理购电政策文件，对代理购电用户关系管理、电量预测、市场化采购、电费结算、信息公开、风险防范等各环节进行全面梳理和总结，以期提升业务人员代理购电业务水平。

本书在编写过程中得到了国网浙江省电力有限公司、国网浙江培训中心、国网浙江营销服务中心、国网杭州供电公司等单位专家的大力支持与指导，在此谨向参与本书审稿、业务指导的各位领导、专家和有关单位致以诚挚的感谢！

限于编者水平，疏漏之处在所难免，恳请各位专家、读者提出宝贵意见。

编者

2024 年 4 月

目 录

第一章 代理购电概述 1

 第一节 电力市场的发展历程 3

 第二节 代理购电定义 6

 第三节 代理购电的内涵与意义 7

第二章 代理购电关系管理 9

 第一节 代理购电用户范围 11

 第二节 代理购电用户关系建立 12

 第三节 代理购电用户关系变更 14

 第四节 代理购电关系解除 16

 第五节 购售电合同签订 17

第三章 电力客户及代理购电电量分析预测 27

 第一节 政策背景 29

 第二节 职责分工 30

 第三节 预测流程 32

 第四节 工作内容 34

 第五节 拓展应用 47

第四章 代理购电市场化采购 49

 第一节 电力中长期交易市场 51

 第二节 电力现货市场介绍 57

第五章 代理购电用户电价 71

 第一节 代理购电用户电价组成 73

 第二节 代理购电用户电价生成流程 73

第三节　代理购电价格表解读 74

第六章　代理购电电费结算 81

　　第一节　电量电费计算 83

　　第二节　电费结算账单 84

　　第三节　用户结算算例 88

　　第四节　电费退补 94

第七章　代理购电信息公开 99

　　第一节　信息公开内容 101

　　第二节　信息公开流程 107

　　第三节　信息公开渠道 109

　　第四节　信息安全与保密 110

第八章　代理购电风险防范 115

　　第一节　风险点 117

　　第二节　防范措施 118

第一章

代理购电概述

第一节　电力市场的发展历程

第一阶段：一家独办

1978年以前，我国实行计划经济体制，全国电力由电力部一家独办，资金来源单一，主要靠国家计划委员会下达的年度基建计划拨款。1978年召开的十一届三中全会揭开了我国改革开放的序幕，全国各地工农业生产蓬勃发展，全国电力供应紧张。

第二阶段：打破行业垄断

1985年5月，为解决缺电难题，国务院颁布了"72号文"，批转当时的国家经济委员会等四部门《关于鼓励集资办电和实行多种电价的暂行规定》，鼓励地方、部门和企业集资办电，实行"谁投资、谁用电、谁得利"的政策，并实行多种电价。

1987年9月，国务院提出"政企分开，省为实体，联合电网，统一调度，集资办电"的二十字电力发展和改革方针，打破了电力部门独家办电的局面，开启了电力体制改革的序章。

第三阶段：深化体制改革

1997年1月，为适应市场经济的发展，减少政府对产业的控制，国务院决定以电力部和冶金部为试点进行国务院机构改革——撤销电力部，组建国家电力公司独立运作。国家电力公司随后对下面的各大企业"收权、收钱、收资产"，成为拥有全国60%以上发电装机、全国80%以上电网的超级垄断性集团公司。

中央企业和地方企业间的矛盾日益凸显。

2002年2月10日，国务院发布《关于印发电力体制改革方案的通知》（国发〔2002〕5号），其中明确：电力体制改革的总体目标是打破垄断，引入竞争，提高效率，降低成本，健全电价机制，优化资源配置，促进电力发展，推进全国联网，构建政府监管下的政企分开、公平竞争、开放有序、健康发展的电力市场体系。同年，重组国家电力公司，将原国家电力公司一分为十一，成立国家电网、南方电网两家电网公司和华能、大唐、国电、华电、中电投五家发电集团及四家辅业集团公司，实现了厂网分开，引入了竞争机制，这是我国电力体制改革的重要成果，它标志着电力工业在建立社会主义市场经济体制、加快社会主义现代化建设的宏伟事业中进入了一个新的发展时期。我国的电力市场化改革真正拉开了序幕。

第四阶段：新一轮电力体制改革

2015年3月15日，国务院发布《关于进一步深化电力体制改革的若干意见》（中发〔2015〕9号），揭开了新一轮电力体制改革的序幕。本轮改革的重点和路径是：在进一步完善"政企分开、厂网分开、主辅分开"的基础上，按照"管住中间、放开两头"的体制架构，有序放开输配以外的竞争性环节电价，有序向社会资本开放配售电业务，有序放开公益性和调节性以外的发用电计划；推进交易机构相对独立，规范运行；继续深化对区域电网建设和适合我国国情的输配体制研究；进一步强化政府监管，进一步强化电力统筹规划，进一步强化电力安全高效运行和可靠供应。

第五阶段：全国统一电力市场深化建设

2021年10月12日，国家发展改革委出台《关于进一步深化燃煤发电上网电价市场化改革的通知》（发改价格〔2021〕1439号，以下简称"1439号文"），对电力市场化改革内容做了进一步的明确，按照电力体制改革"管住中间、放开两头"的总体要求，有序放开全部燃煤发电电量上网电价，扩大市场交易电价上下浮动范围，推动工商业用户都进入市场，取消工商业目录销售电价，保持居民、农业、公益性事业用电价格稳定，充分发挥市场在资源配置中的决定性作用、更好地发挥政府作用，保障电力安全稳定供应，促进产业结构优化升级，推动构建新型电力系统，助力碳达峰、碳中和目标实现。

2021年10月23日，国家发展改革委办公厅出台《关于组织开展电网企业代理购电工作有关事项的通知》（发改办价格〔2021〕809号，以下简称"809号文"），要求10kV及以上用户原则上要直接参与市场交易，暂无法直接参与市场交易的可由电网企业代理购电，同时要求各地要结合电力市场发展情况，不断缩小电网企业代理购电范围。文件以"六个明确性要求+四项政策协同"的方式对电网企业代理购电做了工作部署，同时明确，组织开展电网企业代理购电工作，要坚持市场方向，要加强政策衔接，要规范透明实施。

2022年12月23日，国家发展改革委办公厅出台《关于进一步做好电网企业代理购电工作的通知》（发改办价格〔2022〕1047号），再次对809号文进行了完善补充和内容强调，在保障用户安全可靠用电的基础上，政策要求强化代理购电政策的"过渡性"，不断缩小代理购电范围，让用户更多更快地进入市场。同时政策还要求加强监督，确保代理购电制度的平稳运行。

2023年4月24日，浙江省发展改革委转发国家发展改革委《关于进一步做好电网企业代理购电工作的通知》（浙发改价格〔2023〕99号），提出1～10kV及以上用电电压等级的工商业用户原则上要直接参与市场交易，暂无法直接参与市场交易的可由电网企业代理购电；鼓励不满1kV用电电压等级的工商业用户直接参与市场交易，逐步缩小代理购电用户范围。

2023年5月15日，国家发展改革委出台《关于第三监管周期省级电网输配电价及有关事项的通知》（发改价格〔2023〕526号），第三监管周期按照"准许成本+合理收益"原则，根据各电压等级用户真实需承担的电网投资、运维成本等，正向核定了分电压等级的输配电价。全新的电价机制标志着输配电价改革迈出了里程碑式的一步，为健全"管住中间、放开两头"改革基本架构、更好地发挥电力资源优化配置作用奠定了坚实基础，促进政府从"管电价"向"管准许收入"转变。

2023年5月19日，浙江省发展改革委转发国家发展改革委《关于第三监管周期省级电网输配电价及有关事项的通知》（浙发改价格〔2023〕139号），提出工商业用户（除执行居民生活和农业生产用电价格以外的用电）包括大工业用户和一般工商业用户等，其用电价格由上网电价、上网环节线损费用、输配电价、系统运行费用、政府性基金及附加组成；统一不同电压等级工商业用户的峰谷浮动比例；明确浙江电网输配电价自 2023 年 6 月 1 日起执行，工商业用户峰谷浮动比例自 2023 年 10 月 1 日起执行。

第二节　代理购电定义

一、代理购电的政策依据

按照 1439 号文中"对暂未直接从电力市场购电的用户由电网企业代理购电，代理购电价格主要通过场内集中竞价或竞争性招标方式形成"，代理购电是指未直接从电力市场购电的用户由电网企业代理购电的行为。

809 号文对代理购电用户范围进行了明确："取消工商业目录销售电价后，10kV 及以上用户原则上要直接参与市场交易（直接向发电企业或售电公司购电），暂无法直接参与市场交易的可由电网企业代理购电；鼓励其他工商业用户直接参与市场交易，未直接参与市场交易的由电网企业代理购电。已直接参与市场交易又退出的用户，可暂由电网企业代理购电。各地要结合当地电力市场发展情况，不断缩小电网企业代理购电范围。"

根据浙江省发展改革委《关于调整我省目录销售电价有关事项的通知》（浙发改价格〔2021〕377 号）（以下简称"浙发改价格〔2021〕377 号文件"）要求，自 2021 年 12 月 1 日起，浙江省取消工商业目录销售电价，推进工商业用户进入电力市场；暂未选择向发电企业或者售电公司购电，也未与电网签订代理购电相关合同的工商业用户，遵照政府文件要求，由电网企业以代理方式从电力市场进行购电，执行代理购电用户电价。

《浙江省能源局关于电网企业代理购电工作有关事项的通知》明确，浙江全省暂定 2021 年 12 月 1 日至 12 月 31 日为过渡期。过渡期内，工商业用户由省电力公司代理购电；过渡期后，暂无法直接参与市场交易的可由电网企业代理购电。

由此可知，代理购电是国家为了保障众多中小微工商业用户安全可靠用电的过渡性举措，"逐步缩小代理购电用户范围"是电力市场发展的趋势。

二、代理购电用户的电价政策

取消目录制电价后，全体工商业用户的电价不再根据政府主管部门核定的目录电价执行，而是由市场交易价格、输配电价、政府性基金及附加等组成，其中市场交易价格是会随着市场交易电价而波动的。

电网企业代理购电用户电价由代理购电价格（含平均上网电价、辅助服务费用等）、输配电价（含线损及政策性交叉补贴）、政府性基金及附加组成。其中，代理购电价格基于电网企业代理工商业用户购电费（含偏差电费）、代理工商业用户购电量等确定。代理购电产生的偏差电量，现货市场运行的地方按照现货市场价格结算，其他地方按照发电侧上下调预挂牌价格结算，暂未开展上下调预挂牌交易的按当地最近一次、最短周期的场内集中竞价出清价格结算。

2023 年 5 月，国家发展改革委《关于第三监管周期省级电网输配电价及有关事项的通知》（发改价格〔2023〕526 号）发布后，代理购电用户的电费由代理购电交易电费、上网环节线损费用、输配电费、系统运行费用、政府性基金及附加等构成。其中代理购电交易电费与燃煤发电市场交易价格的变化息息相关，如果发电市场交易电价提升，也会导致基准电价的提升，进而传导至全体工商业用户的电费成本。

第三节 代理购电的内涵与意义

1439 号文的印发，是 2015 年《关于进一步深化电力体制改革的若干意见》

（中发〔2015〕9号）发布以来的一个重大改革节点，也是对前期电力体制改革的升华与深化，目的是推动发电侧和用电侧建立"能涨能跌"的市场化电价机制，取消工商业目录电价，推动工商业用户全部入市，价格由市场形成。

工商业目录销售电价取消后，工商业用户购电主要有三种方式。一是直接参与电力市场交易：通过双边协商、集中竞价、挂牌交易等方式直接与发电企业达成市场化购电协议，主要以用电量较大的工业用户为主。二是由售电公司代理参与电力市场交易：售电公司每年与用户签订售电协议，用电价格约定方式包括固定价格、分成模式等，由售电公司代理用户参与电力市场交易，从发电企业处购电。三是此前尚未进入电力市场的用户在过渡期可由电网代理购电。

由于一次性将全部工商业用户纳入电力市场存在困难，国家引入电网企业代理购电机制进行过渡。暂未直接进入电力市场购电的工商业用户由电网企业代理购电，代理购电价格主要通过场内集中竞价或竞争性招标方式形成。

同年，国家发展改革委又发布了809号文，规范了代理购电方式流程、政策协调、保障措施等内容，同时也规定"各地要结合当地电力市场发展情况，不断缩小电网企业代理购电范围"。809号文还规定，各地执行保量保价的优先发电（不含燃煤发电）电量继续按现行价格机制由电网企业收购，用于保障居民、农业用户用电，有剩余电量且暂时无法放开的地方，可将剩余电量暂作为电网企业代理工商业用户购电电量来源。

第二章

代理购电关系管理

按照1439号文、809号文和浙发改价格〔2021〕377号文件的要求，浙江省取消工商业目录销售电价，推进工商业用户进入电力市场；暂未选择向发电企业或者售电公司购电的，遵照政府文件要求，由电网企业以代理方式从电力市场购电，执行代理购电用户电价。

第一节 代理购电用户范围

一、代理购电用户范围

取消工商业目录销售电价后，10kV及以上用户原则上要直接参与市场交易（直接向发电企业或售电公司购电），暂无法直接参与市场交易的可由电网企业代理购电；鼓励其他工商业用户直接参与市场交易，未直接参与市场交易的由电网企业代理购电。已直接参与市场价交易又退出的用户，可暂由电网企业代理购电。

工商业用户指除居民（含执行居民电价的学校、社会福利机构、社区服务中心等公益性事业用户）和农业生产外，执行大工业电价、一般工商业电价及非居民用电电价的用户。

二、1.5倍代理购电价格用户范围

（1）已直接参与市场价交易，在无正当理由情况下改由电网企业代理购电的用户

此类用户须严格按照省电力交易机构提供的用户清单执行。

（2）拥有燃煤发电自备电厂，由电网企业代理购电的用户

该批用户实施清单制管理，对选择代理购电的用户，应逐户签订代理购电购售电合同；若在执行中存在分歧，电网公司应以正式文件方式向审计政府主管部门报告，请政府主管部门明确意见。

（3）暂不能直接参与市场交易的高耗能用户

此类用户须严格按照省政府出台的高耗能用户清单及配套文件要求执行到位。

第二节　代理购电用户关系建立

一、新装用户

对业扩新装工商业用户，在用户报装申请受理环节，应严格履行告知义务，主动告知代理购电政策和电网企业服务举措，保障用户自主选择是否代理购电的权利。选择代理购电的，通过书面签字等方式进行确认。新装工商业用户在参与市场直接交易前，暂由电网企业进行代理购电，双方签订代理购电购售电合同（详见本章附件1）并构建代理购电关系，后期由用户按季度（每季度最后15日前）自主选择继续代理购电或进入市场直接交易购电。

代理购电是电网企业提供的一项免费服务，涉及价格、电量、电费结算及缴纳等主要条款，要提醒用户注意，并加以详细说明。

对高耗能企业用户、拥有燃煤自备电厂的企业用户，应告知此类情况下的用电价格是电网企业代理购电价格的1.5倍，逐户签订购售电合同，并定期将代理用户信息同步至电力交易平台。

二、退市用户

电力用户退市是指批发用户在电力交易平台提交退市申请，或者零售用户与售电公司的绑定关系到期或解除后未建立新的绑定关系，成为电网企业代理购电工商业用户。

1. 退市流程

① 批发用户、零售用户因宣告破产不再用电，或因其他原因无法履约，应向交易中心提交撤销注册申请，将所有已签订的购售电合同履行完毕，完成退市手续后次月1日起退出市场化交易。若无正当理由退市，按照代理购电交易价格

的1.5倍交易。

② 市场化核算系统自动接收电力交易平台传递的批发用户、零售用户申请退市的信息后，属地营销部门确认用户有无欠费、业扩及变更类在途流程，在接收信息后1个工作日内，反馈确认结果至交易中心。对符合退市条件的，交易中心完成退市业务办理；对存在欠费等问题不符合退市条件的，交易中心暂缓退市。

③ 电力交易平台传递的用户退市信息触发营销系统代理购电购售电合同签订流程（除销户退市用户外），由属地营销部门市场化业务人员完成，代理购电购售电合同生效日期为次月1日。

2. 无正当理由退市用户

有正当理由退市根据各地电力市场交易规则和电力市场交易政府主管部门认定，其余视为无正当理由。

浙江省电力交易中心根据省代理购电政策或交易细则，定期梳理无正当理由退市用户名单，履行相关的报告、公示等手续后，传递至省营销服务中心。由营销部门逐户告知代理购电关系建立、电价构成等代理购电相关事宜，并通过书面签字等方式进行确认，获得用户对代理购电主要权利义务条款的知情同意。按照自愿原则双方签订购售电合同，构建代理购电关系。在规定时限内，未直接参与市场交易，也未与公司签订购售电合同的用户，根据国家政策规定由公司进行代理购电，并做好相关证据留存。同时，需要告知用户此类情况下的用电价格是电网企业代理购电价格的1.5倍。

三、购售电合同签订要求（下同）

1. 购售电合同管理应参照供用电合同

① 有效期内的营业执照。

② 若签订人员是法人代表，须提供身份证件原件。

③ 若签订人员非法人代表，则须提供加盖公章的授权委托书及法人代表身份证复印件。

2. 关于集团户的购售电合同签订要求

对于以县公司为单位，系统内户名、法人代表、交费账号等信息均一致的集团用户，允许通过"签订一份合同＋清单"的方式实现购售电合同签订工作。

① 购售电合同中"乙方（电力用户）"处填入用户户名。

② "用户编号"处填入"户号＋等××户，详见清单"（如：3100000000等100户，详见清单）。

③ "地址"处填入与户号对应的"地址＋等地"。

④ 附件清单须明确户名、户号、法人代表、用电地址等字段。

⑤ 每一页与骑缝处均加盖公章。

3. 其他注意事项

① 用电人办理并户、过户等变更业务后，本合同须重新签订。

② 如国家法律法规发生变化或者政府部门出台新的规定、规则，双方应按照新的规定及规则选择重新签订合同、变更或补充协议。

第三节 代理购电用户关系变更

根据《供电营业规则》第二十四条的规定，受理用户变更用电申请，应核查用户变更用电是否引起代理购电关系变更。若代理购电关系变更，应一并对用户的购售电合同相关内容予以调整。

一、《供电营业规则》第二十四条

有下列情况之一者，为变更用电：

① 停止部分或全部受电设施用电容量的（简称减容）；

② 临时更换其他容量变压器的（简称暂换）；

③ 迁移受电装置用电地址的（简称迁址）；

④ 移动用电计量装置安装位置的（简称移表）；

⑤ 暂时停止全部用电并拆表的（简称暂拆）；

⑥ 用电地址物权变化引起用电人变更的（简称过户）；

⑦ 变更用户名称的（简称更名）；

⑧ 一户分立为两户以上用户的（简称分户）；

⑨ 两户以上用户合并为一户的（简称并户）；

⑩ 终止供用电关系的（简称销户）；

⑪ 改变供电电压等级的（简称改压）；

⑫ 改变电价类别、用电类别等计价计费信息的（简称改类）；

⑬ 改变行业分类、交费方式、银行账号、增值税信息、联系人信息等基础档案信息的（简称其他变更）。

用户需办理变更用电业务时，应当到供电企业供电营业场所或通过线上服务渠道办理申请手续，必要时应当办理变更供用电合同。

二、关系变更场景

1. 无须变更代理购电用户关系的

代理购电用户办理增容、减容（不包含大工业用户减容至315kVA）、更名、暂拆等变更业务，参照现有业务规则执行，代理关系不变。代理购电用户新装、增容及变更用电业务确定计费方案环节，仍按电压等级、行业分类、用户容量、用电类别选择对应的电价类别。

2. 需要变更代理购电用户关系的

用户办理减容（特指大工业用户减容至315kVA以下的）、过户、改类等业务时，引起用电性质发生变化，例如由居民、农业用电改为工商业用电，工作人员同步新建或解除代理购电关系。工作人员应积极履行代理购电相关告知义务，并通过书面签字等方式进行确认，获得用户对代理购电主要权利义务条款的知情同意。按照自愿原则双方重新签订供用电合同与购售电合同，同步更新用户市场交易属性标签。对于不愿意签订购售电合同且未直接参与市场交易购电的用户，根据国家政策规定由公司进行代理购电，并做好相关证据留存。

第四节　代理购电关系解除

一、入市用户

电网企业代理购电的工商业用户，可在每季度最后 15 日前通过交易机构履行市场注册等相关手续，选择下一季度起直接参与市场交易。根据政策文件要求，省交易机构应在用户完成相关手续后 2 个工作日内将有关信息传递省营销服务中心，由省营销服务中心组织地市（县）公司营销部门于 5 个工作日内完成用户的告知确认工作，与用户规范终止代理购电关系，依法依约处理代理购电关系存续期间未了结事务，做好证据留存，重新签订电费结算协议，明确电价执行、电量抄表、电费结算及违约金计收等有关事项。

选择向售电公司购电的，应签订《浙江省电力市场三方购售电合同》，同步更新用户市场交易属性标签，下一季度首日起终止代理购电关系。

选择直接向发电企业购电的，应到交易平台进行注册，交易中心及时向营销服务中心传递相关信息，营销服务中心更新用户市场交易属性标签。

二、用电关系终止

对于过户、合并、分户、销户等代理购电关系终止的情形，应当依法合规处理用电主体资格注销相关事宜。

三、购电关系终止

代理购电用户选择直接参与市场化购电的，电网企业工作人员在收到电力交易机构传递的用户直接参与电力市场交易的信息后，应及时通知用户，与用户的购售电合同按约定终止,同时按 809 号文相关规定,用户在参与市场交易后,在无正当理由情况下再改由电网企业代理购电的,用电价格由电网企业代理购电价格的 1.5 倍、输配电价、政府性基金及附加组成。

判断代理购电用户在代理购电期间是否选择直接参与电力市场交易,应以电力交易机构传递确认信息为准。

代理购电关系终止后,应当依法依约处理代理购电关系存续期间未了结事务,继续履行供用电合同约定的双方权利与义务,及时通知用户购售电合同按约终止,并做好证据留存。

第五节　购售电合同签订

浙江省用户目前只可通过供电营业厅等线下服务渠道(即通过营销系统),与电网企业签订购售电合同,建立代理购电关系。

一、营业厅受理

①登录营销系统,点击"业扩接入/其他业务/代理购电协议签订/营业厅受理",如图 2-1 所示。

图 2-1　营业厅受理界面

②点击"客户编号"输入框右侧，打开"客户查询"弹框查询客户，从结果中选择一条客户数据，点击"确定"，填写录入相关信息并点击"保存"，如图2-2所示。

图 2-2　客户查询

③下滑页面，可填写申请信息以及新增附件，然后点击"保存"，显示"保存成功"，也可打印申请单，如图 2-3 所示。

图 2-3　保存基本信息

④点击页面右下角的"发送",会弹出提示框,点击"确定",将工单发送到下一步。

二、协议起草

①登录系统,点击"工单管理/工作台管理/待办工单",填入流程名称、环节名称等信息,单击"查询",输入工单编号即可查询协议起草的工单,如图2-4所示。

图 2-4　待办工单列表

②打开协议起草页面,可查看账户信息,点击"编辑",可编辑基本信息,也可查看客户交费信息、付费信息、发票接收信息、费用通知信息、客户角色信息,如图2-5所示。

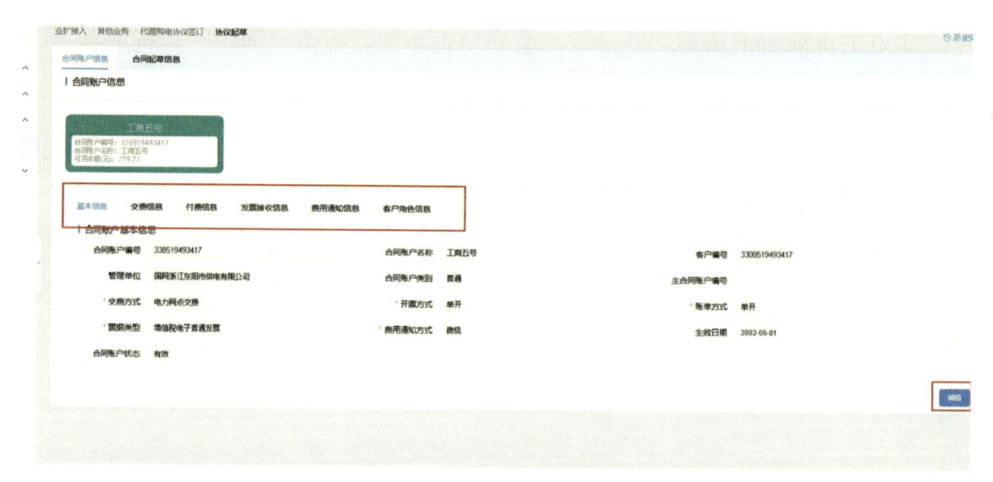

图2-5　合同账户信息

③点选合同起草信息TAB页，点击按钮，弹出合同模板信息页面，输入查询条件，查询相应合同模板，点击"确定"。

④添加完合同模板，可对其进行删除操作，编辑起草时间，点击"确定"进行保存，也可选中状态为"起草中"的合同信息，单击"预览"，打开合同模板，编辑合同内容，保存后生成合同附件后点击"附件"，上传附件。然后单击页面右下角的"发送"，弹出提示框，点击"确定"，将工单发送到下一步，如图2-6所示。

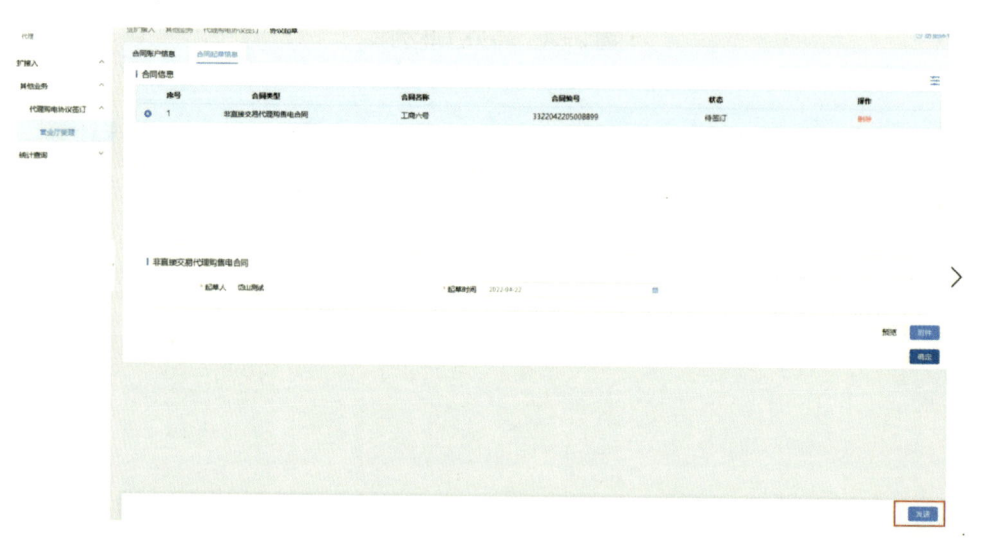

图2-6　发送工单

三、协议审批

①登录系统，点击"工单管理/待办工单"，填入流程名称、环节名称等信息，单击"查询"，输入工单编号即可查询协议审批的工单。

②打开审批页面，点击"查看"可查看合同内容，如图 2-7 所示。若申请符合要求，点击"通过"，输入审批意见，点击"确定"；如不符合要求，点击"不通过"，输入审批意见，点击"确定"。

图 2-7　协议审批页面

四、协议签订

①点击"工单管理／工作台管理／待办工单"，填入流程名称、环节名称等信息，单击"查询"，输入工单编号即可查询协议签订的工单。

②选中该合同，点击"预览"，可预览该合同信息，点击"附件"，上传附件后点击"合同上链"，提示"成功"，然后点击"签订"，完成合同签订，如图 2-8 所示。

图 2-8　签订合同

③单击页面右下角的"发送",弹出提示框,点击"确定",将工单发送到下一步。

五、档案归档

①点击"工单管理／工作台管理／待办工单",填入流程名称、环节名称等信息,单击"查询",输入工单编号即可查询档案归档的工单。

②打开档案归档页面,可查看归档整理任务信息,点击"查询",查询是否接收文件。在资料收集明细列表,点击一条信息,如果该资料没有接收,点击"接收",可对资料信息进行维护,如图 2-9 所示。

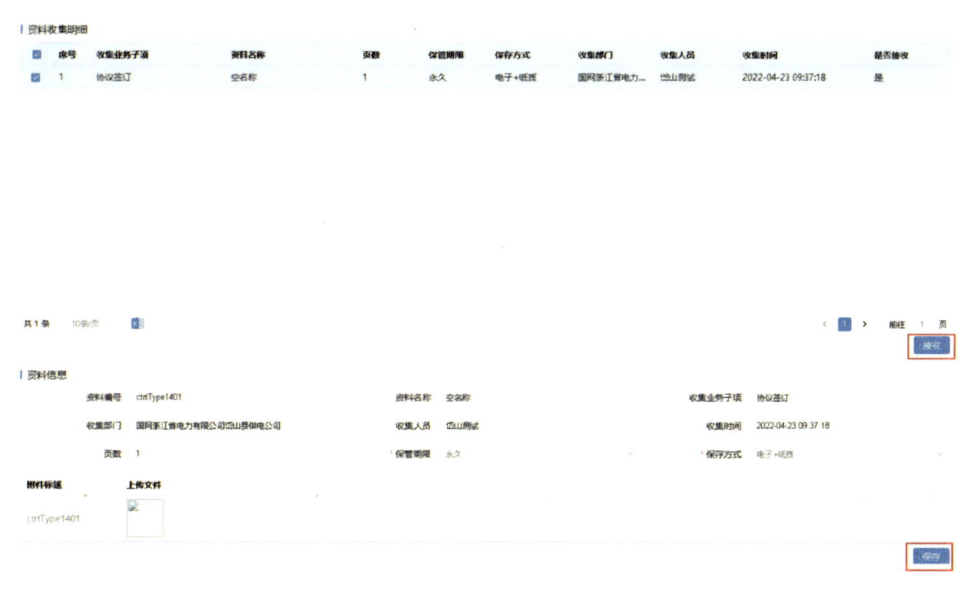

图 2-9　保存资料信息

③点选档案整理 TAB 页，点击"查询"，查询不同整理状态的档案信息。下滑页面，查看档案袋信息，如果没有，点击"新增"，弹出新增档案袋页面，填入相应信息，点击"保存"，如图 2-10 所示。

图 2-10　档案袋信息

选择一条档案信息和一条档案袋信息，点击装袋，也可进行删除档案袋和档案抽出袋的操作，如图 2-11 所示。

图 2-11　新增档案袋

④下滑页面，查看档案盒信息，如果没有，点击"新增"，弹出新增档案盒页面，填入相应信息，点击"保存"。选择一条档案袋信息和一条档案盒信息，点击"装盒"，也可删除档案袋。

然后点击"选位"，选择档案放置的位置，点击"确认"，如图 2-12 所示；最后点击"上架"，完成档案整理。

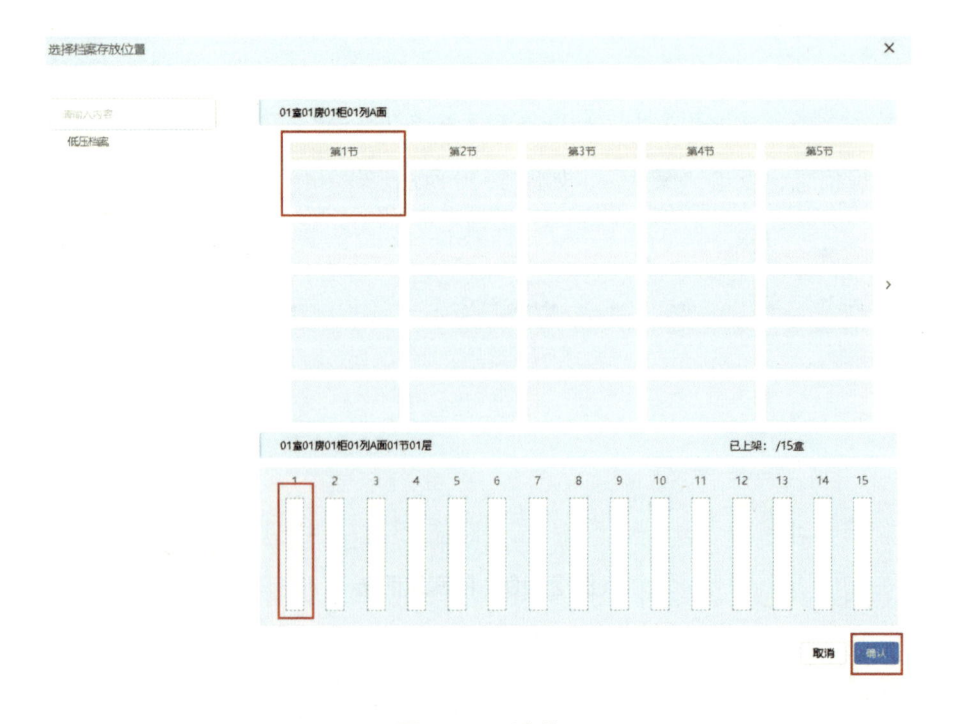

图 2-12　选位

⑤单击页面右下角的"发送",弹出提示框,点击"确定",完成该流程。

附件 1

购售电合同(模板)

甲　　方(电网企业):
地　　址:
乙　　方(电力用户):
用户编号:
地　　址:(通过用户编号关联供用电合同用户基本信息)

　　根据国家有关法律法规,依据国家电力体制改革相关政策要求,本着平等、自愿、公平和诚信的原则,甲乙双方就代理购电相关事宜协商一致,订立本合同。

　　1.根据1439号文及809号文的要求,暂未直接从电力市场购电的用户,由甲方负责通过场内集中竞价或竞争性招标方式进行购电。甲方市场化采购方式及价格形成机制按政府规定执行。

　　2.乙方用电价格由代理购电价格(含平均上网电价、辅助服务费用等,下同)、输配电价(含线损及政策性交叉补贴,下同)、政府性基金及附加组成。其中:平均上网电价是指电网企业根据电力用户用电情况从电力市场中采购电量的平均电价,包含应分摊或分享居民、农业用电价格稳定产生的新增损益;辅助服务费用、输配电价、政府性基金及附加,执行政府有关规定。同时,两部制电价、峰谷分时电价、功率因数调整电费等政策继续按现行政策执行。

　　3.乙方属于以下情形的,代理购电价格按照1.5倍执行:
　　(1)已直接参与市场交易在无正当理由情况下改由电网企业代理购电的用户;
　　(2)拥有燃煤发电自备电厂、由甲方代理购电的用户;

（3）暂不能直接参与市场交易、由甲方代理购电的高耗能用户。

合同生效后，如乙方属性发生变化，应及时通知甲方。因乙方陈述不真实准确，或确认不及时而引起的所有后果和赔偿责任，均由乙方承担。

4.甲方代理购电价格、代理购电用户电价应按月测算，并提前3日通过营业厅等线上线下渠道公布，于次月执行，并按乙方实际用电量全额结算电费；未实现自然月购售同期抄表结算前，暂按甲方对乙方抄表结算周期执行。同时，甲方按电力市场规则向发电企业购电并支付购电费。甲方负责与乙方签订本合同，与相关发电企业签订购电合同。

5.乙方按照与电网企业签订的供用电合同及相关协议中约定的方式、期限及时足额交纳电费，并承担逾期缴纳及欠费的违约责任。

6.用电人办理并户、过户等变更业务后，本合同须重新签订。

7.本合同未尽事宜，按照电力相关法律法规、电力市场交易相关规则以及乙方与电网企业签订的供用电合同约定执行。用户签订的供用电合同与本合同不一致的，按本合同执行。

8.如国家法律法规发生变化或者政府部门出台新的规定、规则，双方应按照新的规定及规则选择重新签订合同、变更或补充协议。

9.本合同一式两份，双方各执一份。本合同经双方签署并加盖公章或合同专用章后生效。用电人办理销户业务或者直接参与市场交易（直接向发电企业或售电公司购电）的，本合同终止。

甲　方：（公章）	乙　方：（公章）
法定代表人（负责人）或	法定代表人（负责人）或
授权代表（签字）：（盖章）	授权代表（签字）：（盖章）
签约时间：　年　月　日	签约时间：　年　月　日

第三章

电力客户及代理购电电量分析预测

随着"双碳"目标的逐步落实，分布式光伏、储能、电动汽车等数量持续增长，电力电量随机性、波动性显著提高；同时受国际能源供应短缺、极端天气、重大事件等因素影响，全国范围出现不同程度供应紧张形势，电力电量保供面临全新的挑战；此外，电力市场环境的深刻变革，代理购电业务的快速发展，第三监管周期电网输配电价改革等，都对电力电量分析预测工作提出更高的要求。本章根据相关法律法规要求，围绕电力客户及代理购电电量预测政策文件和实践运营两个方面，对电力客户及代理购电电量预测进行全面分析。

第一节　政策背景

本节主要介绍电力客户及代理购电电量预测政策背景，梳理公司营销部电量分析预测实施以来政府、国网公司以及国网浙江省电力有限公司（以下简称"省公司"）发布的主要文件，主要介绍公司在工作体系、专家队伍、系统平台、数据应用、关键技术、专题研究等方面的建设历程，如何实现专业协同、数据质量、预测能力和队伍水平"四个提升"，如图3-1所示。

图 3-1　建设历程

时间轴事件（按时间顺序）：

- 2021年10月11日：国家发展改革委发布《关于进一步深化燃煤发电上网电价市场化改革的通知》（发改价格〔2021〕1439号）
- 2021年10月23日：国家发展改革委办公厅发布《关于组织开展电网企业代理购电工作有关事项的通知》（发改办价格〔2021〕809）
- 2021年12月18日：省公司营销部发布《代理购电电量预测实施细则》
- 2021年12月26日：国网营销部下发《关于加强售电市场分析预测支撑代理购电电力电量预测工作的通知》
- 2022年6月30日：国网营销部下发《关于印发代理购电预测及售电市场分析数据治理工作方案的通知》
- 2022年8月23日：国网营销部市场处下发《关于印发售电市场分析预测平台功能规范及数据交互规范的通知》
- 2023年2月21日：国网营销部市场处下发《电力客户及代理购电分析预测工作两年行动计划（2023—2024年）》

2021年10月11日，国家发展改革委发布1439号文，提出推动工商业用户都进入市场，取消工商业目录销售电价，对暂未直接从电力市场购电的用户由电网企业代理购电。

2021年10月23日，国家发展改革委发布809号文，明确电网企业要定期预测代理购电工商业用户用电量及典型负荷曲线，保障居民、农业用户的用电量规模单独预测。

2021年12月18日，省公司营销部发布《代理购电电量预测实施细则》，明确营销、财务、交易中心关于预测电量的交付流程，明确省、市、县（区）三级电量预测工作职责及流程。

2021年12月26日，国网营销部下发《关于加强售电市场分析预测支撑代理购电电力电量预测工作的通知》（国网电网营销〔2021〕71号），理清公司各层级预测职责界面，明确预测工作内容和流程。

2022年6月30日，国网营销部下发《关于印发代理购电预测及售电市场分析数据治理工作方案的通知》（营销综〔2022〕46号），提出电力电量数据质量要求，明确数据治理范围及责任单位。

2022年8月23日，国网营销部市场处下发《关于印发售电市场分析预测平台功能规范及数据交互规范的通知》（营销市场〔2022〕58号），提出售电市场分析预测平台功能需求、设计规范和数据交互规范。

2023年2月21日，国网营销部市场处下发《电+力客户及代理购电分析预测工作两年行动计划（2023—2024年）》（营销市场〔2023〕16号），提出建立高效协同的业务工作体系和快速准确的数据汇聚体系，持续深化市场分析预测技术研究，实现专业协同、数据质量、预测能力和队伍水平"四个提升"。

第二节　职责分工

本节主要介绍公司省、市、县（区）三级电力客户及代理购电预测工作职责。电力客户及代理购电电量预测组织架构如图3-2所示。

```
省公司营销部
├─ 营业电费处 ── 管理制度、业务规则、电量预测等
├─ 智电市场处 ── 需求响应、有序用电、用能预测化管理等
├─ 计量技术处 ── 采集数据接入、拟合及日常统计维护管理
└─ 营商环境处 ── 数据中台维护数据链路

省信通公司 ──强化提升信息系统能力──▶

省营销服务中心
  │ 牵头地市公司开展全省代理购电电量预测
  ▼
地市公司
  │ 配合营销服务中心负责开展本地区代理购电电量预测相关工作
  ▼
县（区）公司
```

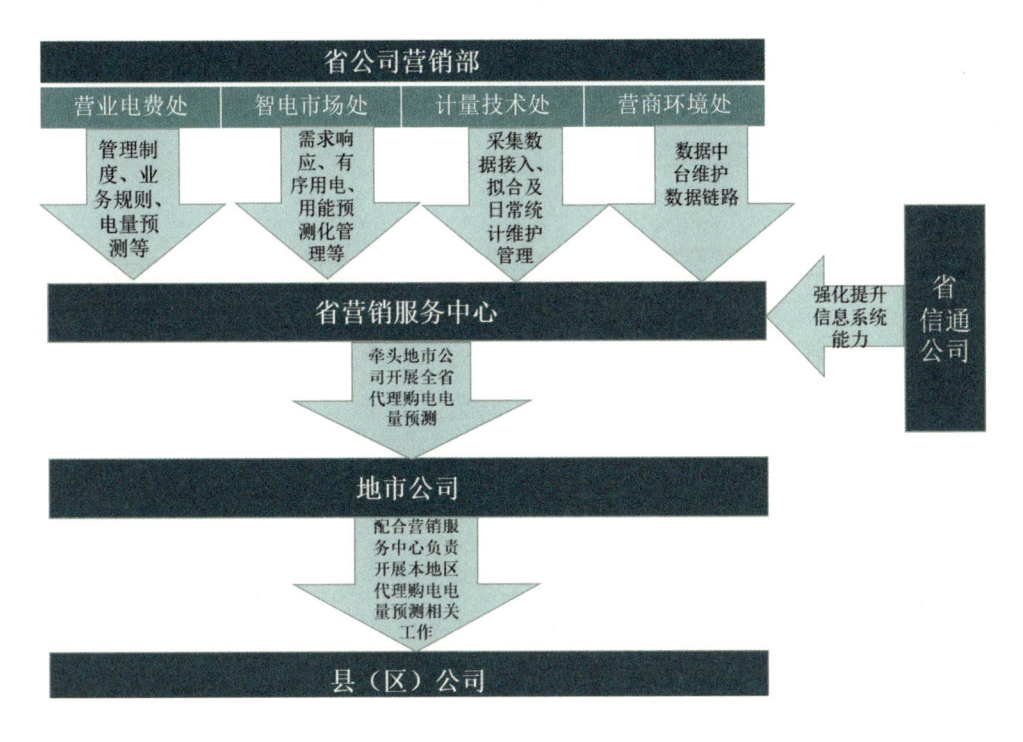

图 3-2　电力客户及代理购电电量预测组织架构

一、省公司营销部

营业电费处负责电量预测工作的归口管理，负责公司电量预测相关的管理制度、业务规则、电量预测相关系统功能建设方案以及数据治理方案等的制定，负责代理购电电量预测结果审定、考核评价、业务培训等。

智电市场处负责提供需求响应、有序用电、用能预测化管理等信息。

计量技术处负责采集数据接入及日常维护管理，负责日电量、负荷数据的拟合，负责配合实施采集数据治理，负责各维度电量、负荷数据统计等。

营商环境处负责数据中台数据链路维护以及数据资源的协调应用。

二、省营销服务中心

负责全省代理购电电量预测的具体实施；负责年、月、周、日等多维度电量

预测；组织实施数据治理；组织实施复盘分析；发布月度分析报告；落实电量预测相关平台建设；开展预测模型开发；实施购电电量预测工作日常管控。省信通公司负责强化提升信息系统能力。

三、地市公司

负责开展本地区代理购电电量预测；负责配合营销服务中心开展电量预测相关系统建设、数据治理和模型优化；负责本地区代理购电电量预测业务数据统计、报表分析等。

四、县（区）公司

负责开展本地区代理购电电量预测；负责本地区大用户生产用电情况校核；负责协同地市公司配合营销服务中心开展电量预测相关系统建设、数据治理和模型优化；负责本地区用户用电档案和计量表计异常情况确认；负责配合开展本地区代理购电电量预测业务数据统计、报表分析等工作。

第三节 预测流程

本节主要介绍公司省、市、县（区）三级独立预测和联动校核工作流程，如图3-3所示。

每月16日下班前，省营销服务中心根据交易中心推送的最新市场化用户清单，完成代理工商业电量基础数据梳理准备。

每月18日下班前，县（区）公司根据本地区大用户情况和业扩报装等情况，结合气温和经济等信息，独立预测本地区总电量，全体工商业、居民、农业电量和代理工商业电量，综合评估人工预测结果和系统预测结果，通过售电市场智能分析预测平台上报最终预测电量、预测说明和大用户用电情况。

地市公司根据县（区）公司上报的大用户用电情况、业扩报装情况、气温和经济等信息，独立预测本地区总电量，全体工商业、居民、农业电量和代理工商业电量，组织县（区）公司对人工预测结果、系统预测结果、县（区）公司上报预测结果进行联动校核，通过售电市场智能分析预测平台上报最终预测电量、预测说明和大用户用电情况。

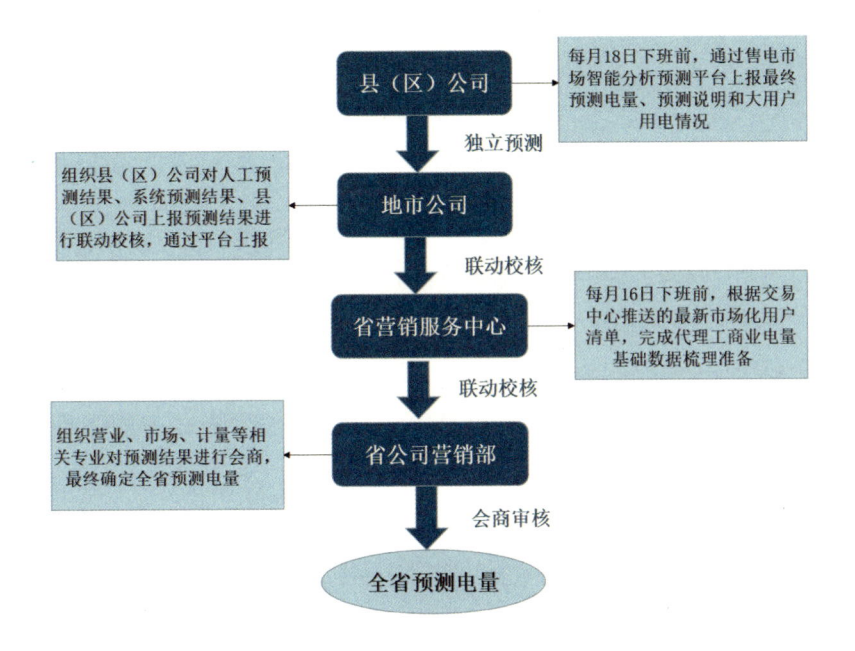

图 3-3　三级独立预测和联动校核工作流程

省营销服务中心根据地市公司上报的大用户情况和业扩报装等情况，结合气温和经济信息，独立预测全省总电量，全体工商业、居民、农业电量和代理工商业电量，组织地市公司对人工预测结果、系统预测结果、县（区）公司上报预测结果进行联动校核，同时通过电力平衡分析会与发展、调度、交易、经研院开展联动会商，综合评估预测电量，根据预测过程考虑的因素，编制预测逻辑说明报告，并上报营销部审核确认。

省公司营销部组织营业、市场、计量等相关专业对预测结果进行会商，最终确定全省预测电量。

第四节 工作内容

本节通过理论结合案例的方式介绍电力客户及代理购电电量预测工作内容，主要包括平台建设、基础数据治理、分析及预测和分析复盘。

一、平台建设

售电市场智能分析预测平台作为电力客户及代理购电电量预测业务的主要支撑系统，协助各层级预测人员开展数据查询分析、影响因素分析、电量预测和预测效果分析等电量预测全过程工作。本节主要对售电市场智能分析预测平台的总体框架和3项业务子类功能进行简要介绍，以便读者快速了解系统平台的功能情况。

1. 多维数据样本

多维数据样本主要提供内外部基础数据查询功能。其中内部数据包括省、市、县三级分行业类别、售电类别、市场属性、调度发受电口径的日、月、年电量和负荷；外部数据包括省、市、县三级的气象温度（最高温度、最低温度和平均温度等）、湿度和经济（产值类、价格指数、消费类等）等数据。多维数据样本以表格和图形的形式进行展示、支持数据导出与下载，实现信息的全面管理，如图3-4所示。

第三章 电力客户及代理购电电量分析预测

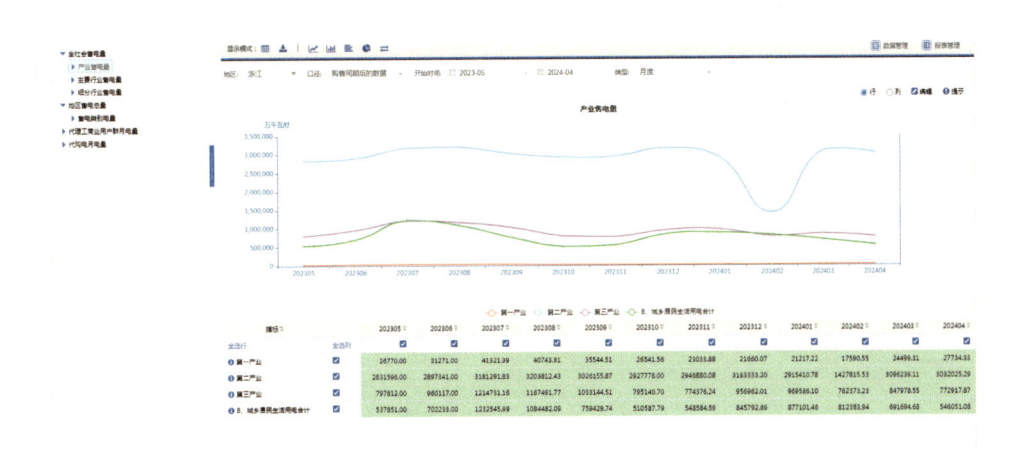

图3-4 多维数据样本示例

2. 全景跟踪分析

全景跟踪分析主要包括电量分析和负荷特性分析。其中电量分析从各维度用户群体及单个高压用户年、月、日等维度分析电量的同比、环比和占比等情况；负荷特性分析从最大负荷、平均负荷和最小负荷等维度分析负荷的结构和特性，支持省、市、县三级层层钻取，实现电量分布和变化的精细化管理。图3-5为全景跟踪分析界面。

图3-5 全景跟踪分析界面

3. 影响因素评估

影响因素评估主要基于历史数据，考虑气象温度、节假日、迎峰度夏/冬等因素，建立量化评估模型，分析不同时间段不同因素对电量和负荷特性的影响，为电量预测人工调整及决策提供数据依据。图 3-6 为元旦假日影响因素评估界面。

图 3-6　元旦假日影响因素评估界面

4. 智能多维预测

智能多维预测根据代理购电业务和迎峰度夏等预测业务需求，提供年、月、日预测算法库，实现对分行业、售电类别、市场化属性、大用户等对象精细化预测。售电预测平台有不同种类的预测算法可供选择，算法模型可开放调整参数，可根据实际情况，自定义设置加入相关影响因素。图 3-7 为智能多维预测－代购电预测界面。

图 3-7　智能多维预测－代购电预测界面

5. 业务工单派单

工单派单功能作为"两级独立预测，三级联动校核"预测工作机制的配套功能，可以通过工单形式，从上往下传递预测、数据治理以及分析报告任务，从下往上反馈相关任务结果、说明及分析报告，实现工单任务线上流转。

6. 预测模型分类

售电市场智能分析预测平台可以提供各类用户群体在不同时间周期下的预测模型，预测模型库主要包括考虑历史变化趋势的回归分析法、时间序列回归分析法、时序外推法，以及考虑外部因素的相关因素分析方法。选取模型进行预测时，需要了解不同模型的适用场景，根据不同的预测周期的预测特点和主要影响因素，对模型做简单的归纳。

不同周期预测特点及主要影响因素如表 3-1 所示。

表 3-1　不同周期预测特点及主要影响因素汇总表

预测周期	预测对象与内容	预测特点	主要影响因素	常用预测方法
长期	年度电量预测	数据基本上单调变化（一般是递增），无周期性	国民经济发展情况、人口、产值单耗、产业结构调整情况、电价政策等	自身规律外推法（包括回归分析、动平均、指数平滑、灰色预测等），考虑主要影响因素的各类相关预测法

续表

预测周期	预测对象与内容	预测特点	主要影响因素	常用预测方法
中期	月度电量预测	周期性增长，各年度的12个月具有相似的规律	大用户生产计划、气象条件、产业结构调整情况、电价政策、春节等	历史同月数据的外推预测；考虑年度周期性的时间序列预测；考虑主要影响因素的各类相关预测法；1月、2月预测法
短期	日电量及日分时电量预测	在年、月、周、日不同期限上均具有明显的周期性与相似性	星期类型、节假日、气象因素（温度、湿度、降雨等）、电价、新能源	同类型日预测；节假日预测；考虑各种周期性的时间序列预测；考虑气象因素的预测方法；AI类算法

二、基础数据治理

这里主要介绍电量预测过程中所需要的基础数据需求、数据质量要求、数据异常及治理。

1. 基础数据需求

（1）内部数据

内部数据为电网公司内部各维度电力电量数据，主要需求如下。

①数据类型：统调和调度发受电、行业分类、用电类别、高压专变、台区公变、市场化交易属性、电压等级等维度96点负荷及日、月、年电量。

②数据层级：省、市、县。

③数据长度：月电量应以5年历史数据为宜；负荷应以2年历史数据为宜。

（2）外部数据

外部数据主要包括经济、气象、政策经济等方面的数据，主要需求如下。

①数据类型：气象数据，如最大温度、平均温度、最小温度、湿度、降水量、风速、风向、辐照度；经济数据，如国民经济发展情况、人口、产值单耗、价格指数、消费量类、房地产类、企业类、能源类、进出口总额、交通类、人口类、投资类、消费品零售总额类、增加值类、产业结构调整情况。

②数据层级：省、市、县。

③数据长度：月数据应以5年以上为宜。

2. 数据质量要求

为保障代理购电电力电量预测的准确性，确保各类型基础数据完整、可靠，各口径电量、负荷数据应完整无缺点、无负值。除此之外，电量负荷数据还应该符合以下要求：

（1）电量质量要求

①月电量：用电类别、行业类别、分电压等级和市场化属性等分类用户月电量与营销系统 2.0 大一报表保持一致。

②日电量：日电量与调度发受电日电量的占比为 88%~93%；日电量累计数与发行结算数据偏差在 3% 以内；分行业日电量之和与总日电量占比相对稳定（浮动范围不超过 ±5%）；分电压等级日电量之和与总日电量占比相对稳定（浮动范围不超过 ±5%）。

（2）负荷质量要求

负荷积分电量与日电量无明显偏差（偏差比例不超过 ±5%）；负荷与调度发受电负荷占比在 88%~93% 之间。

3. 数据异常及治理

根据平台现有内部数据对常见异常问题进行治理，具体见表 3-2。

表 3-2　常见数据异常及治理措施

序号	问题类型	问题名称	问题描述	治理措施
1	采集日电量/负荷	表计倍率异常	采集计算电量时表计倍率与营销实际倍率不一致	加强系统业扩变更流程和用采系统监督，避免出现不一致情况
2	采集日电量/负荷	采集未覆盖或终端离线	用户未安装采集表计，或者上传终端一直离线，导致采集无日数据	推进采集覆盖率提升，加强离线终端管控，督促用户所属供电单位整改
3	采集日电量	采集拟合电量偏差大	采集对一些疑似异常的电量数据进行电量修正拟合（倒走、飞走、翻转等），但一部分拟合数据与实际用电情况偏差大	暂按照近几月及去年同期结算情况，对日电量进行拟合，并反馈计量专业优化数据拟合规则
4	采集负荷	负荷数据为负数	用户上网行为或者表计指针抖动，造成某一时刻负荷为负	将负荷为负的点置零处理

表头

序号	问题类型	问题名称	问题描述	治理措施
5	营销结算	营销手工抄表结算	部分用户结算规则复杂且不通用(手工抄表,多为电厂用户),未直接使用采集数据	加强结算电量时的规范性,尽量减少该情况
6	营销结算	营销结算量费退补	部分用户结算存在退补,无法在采集数据中体现	加强结算电量时的准确性,尽量减少退补行为
7	营销结算	用户档案异常	用电客户的市场化属性或行业分类等档案信息异常,导致日档案与结算档案信息不符,导致细项电量偏差	用户所属供电单位整改,并加强营销档案一致性

三、分析及预测

这里主要介绍如何根据业务需求确定主题分类、分析影响因素及其与电量的相关性、跟踪重点用户样本、与不同部门和专业开展联动校核、确定最终预测结果。

1. 确定主题分类

根据电力保供、代理购电业务等业务的需求,选取分行业类别、售电类别、市场化交易属性、电压等级以及重点企业用户等维度用户年、月、日电量预测和迎峰度夏/冬电量预测主题。

2. 影响因素分析

电量变化主要受温度、节假日、经济等因素的影响,量化分析各因素对电量的影响是开展预测工作的基础。

（1）温度影响分析

温度与电量存在强相关性,通过研究平均温度、最高温度、最低温度等与各维度用户电量的相关关系,识别影响电量的主导气象因素,并构建气象－电量拟合模型,分析温度对电量变化趋势的影响。

以2023年4月居民电量为例,通过对居民电量与多个气象指标进行相关关系计算,识别出影响居民电量的主导气象因素是日平均温度。选取日平均温度指标作为自变量,建立气象－电量多项式拟合曲线,如图3-8所示。

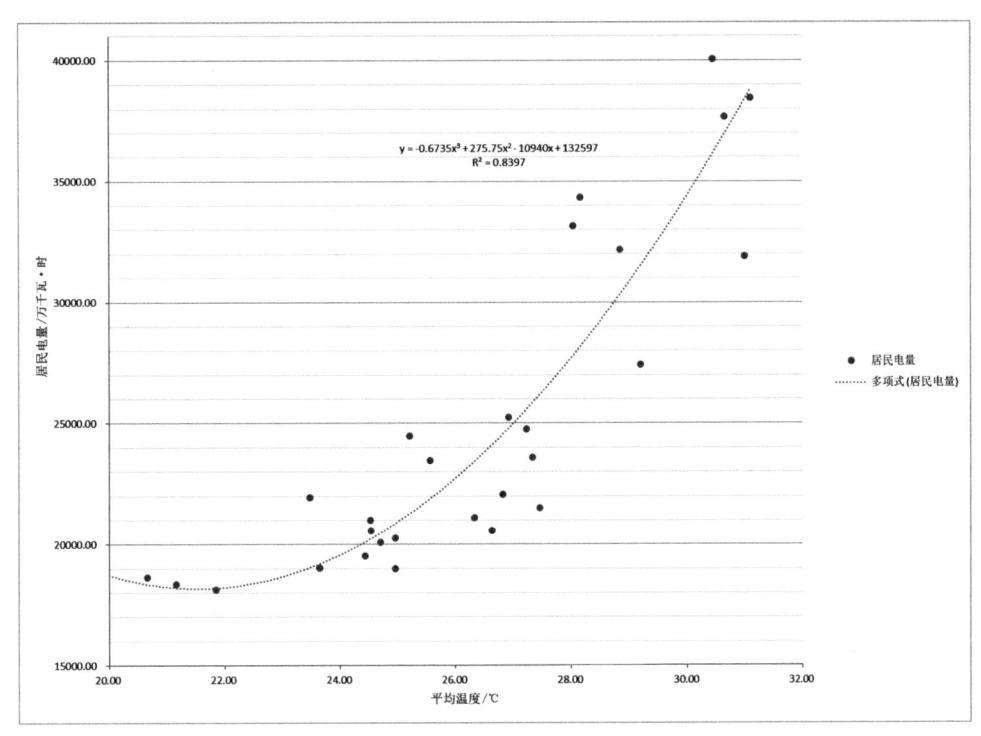

图 3-8 气象-电量多项式拟合曲线

气象-电量多项式公式如下：
$$y=-0.6735x^3+275.75x^2-10940x+132597$$

进一步可得出温度每变化一个单位时电量的变化量（如表 3-3 所示），为后续温度变化可能引起的电量变化提供决策依据。

表 3-3 温度与电量变化表

序号	温度 /℃	电量 / 万千瓦·时
1	26 ~ 27	2256
2	27 ~ 28	2698
3	28 ~ 29	3136
4	29 ~ 30	3571
5	30 ~ 31	4001
6	31 ~ 32	4427
7	32 ~ 33	4849
8	33 ~ 34	5268

因此，准确掌握电量与温度的相关性、敏感性变化等规律，对实现电量精准预测，电网规划、运行和调度控制等具有重要意义。

（2）节假日影响分析

企业在法定节假日（含双休日）期间停工放假，与非节假日相比，工商业电量一般处于下降趋势，而居民电量大概率有所上升。同时节假日的类型不同，对电量的影响程度也不同。

基于日电量数据，通过对比节假日期间电量与节前、节后数日的电量，分析不同节假日对电量的影响程度。接下来以2023年"五一"为例分析节假日与电量的相关性。

2023年"五一"假期放假时间为4月29日至5月3日。为控制时序变化和温度影响，取节假日前后与假日期间气象相似的某一周电量日均值，与假期每天相对比，分析假期带来的影响。

2020—2022年的端午节电量如表3-4所示，节前一周的气象与端午期间类似，故选取前一周电量均值作为基准值，与假期每天进行对比。通过表3-4可以观察到，2020—2022年端午节三天假期，相对于节前一周基准值普遍有所下降，端午节当天的电量影响量最大。

表3-4　2020—2022年端午节电量分析

	2020年			2021年			2022年		
日期	日电量/亿千瓦·时	影响量/亿千瓦·时	日期	日电量/亿千瓦·时	影响量/亿千瓦·时	日期	日电量/亿千瓦·时	影响量/亿千瓦·时
节前一周均值	13.50	/	节前一周均值	15.52	/	节前一周均值	14.20	/
06-25	11.06	-2.44	06-12	15.96	0.44	06-03	11.16	-3.04
06-26	12.82	-0.68	06-13	14.67	-0.85	06-04	12.46	-1.74
06-27	13.85	-0.35	06-14	12.71	-2.81	06-05	13.81	-0.39
合计	37.73	-3.47		43.34	-3.22		37.43	-5.17

但每年节假日会受到当年各种特殊事件的影响，在考虑假日期间活动的情况下，应综合考虑过去曾发生和未来将发生的特殊事件，对节假日的电量变化预估

做出相应调整。

（3）重大事件影响分析

新冠疫情和特大赛事等重大事件对售电量有较大影响。基于事件类型特点，明确该事件影响用户范围，分析事件发生前后电量波动情况，掌握电量变化趋势，进而提升预测准确率。例如2016年9月由于G20在杭州召开，导致杭州及周边地区出现部分工业企业暂停生产、建筑施工单位停工、缩减作业时间等情况，不可避免地使该月的售电量下降。

（4）经济因素影响

经济对电力负荷有着显著的影响，主要是先行、落后、同步的经济因素。

1）经济景气度

经济景气度高，人们的生活水平随之提高，企业生产和服务业发展都会加快，这样就需要更多的电力供应；反之，经济不景气时，生产和服务业都不会有较大的增长，电力需求也会相应减少。

2）工业生产

随着经济发展，工业生产也会不断增长，这意味着需要更多的电力来支撑其生产活动。尤其是一些重工业和制造业，电力的需求量更大，例如钢铁、石化、机械制造等行业，都需要大量的电力来支撑其生产活动。

3）城市化进程加深

随着城市化的加速，人口密集的城市需要越来越多的电力来支持城市化进程中的基础设施和产业发展，例如大型购物中心、高速铁路、地铁、公路、机场等。这些设施和产业的不断扩张，对供电系统的能力提出了更高的要求，因此城市化对电力负荷的增长产生了很大的影响。

4）居民生活

随着经济发展和居民生活水平的提高，人们的生活方式和消费习惯也在不断改变，例如家庭中空调、电视等电器的普及，都需要更多的电力供应。

（5）政策影响

技术和产业政策可以促进电力行业的技术创新和转型升级，例如政府鼓励企业研发新技术，提高电力行业的技术水平。国家或政府的能源政策可能会影响电力的供应和需求，例如鼓励使用可再生能源、降低消费者用电成本、提高售电量。

3. 重点样本跟踪

建立重点样本是电量预测的重要环节之一,重点样本用户用电量发生变化,将会使总用电量出现明显偏差,直接影响电量预测结果。

根据属地用电结构特点,选取用电量排名靠前、政府重点关注和重点行业典型等类型用户作为重点用户样本,通过定期走访和"网上国网"电量精算师模块,收集用户生产计划、业扩变更以及设备检修等信息,提前了解样本用户用电动态,并将样本变化趋势融入预测结果中,有利于提升预测准确率。

此外,样本用户应坚持"动态分析,动态管理"的原则,根据样本选取规则,定期更新样本用户数据,确保重点样本的有效性。

4. 系统预测结果

根据预测主题,通过选取售电市场智能分析预测平台上相应的模型可以直接获取系统预测结果。

对模型的原理和方法没有深入了解,不知道如何选取模型时,可选取拟合优度排名前三的预测结果,或选取历史预测准确率较高且最为平稳的模型的预测结果作为最终系统预测结果。其中拟合优度是指回归模型对样本观测值的拟合程度,模型基于历史趋势预测未来,在一定程度上,模型对历史趋势的认识越准确,对未来的预测越精准。历史准确率是对历史电量的预测结果,准确率的范围为 0~100%,越接近 100%,说明预测得越准确。

系统中的每个模型都会展示其对应的拟合优度和历史准确率,初步选取模型时可以选取拟合优度和历史准确率较高的模型,观察拟合曲线与历史曲线的规律是否相对匹配,选取匹配的模型,层层筛选,最终在筛选出的多个模型中,取综合模型计算结果作为系统预测值保存。

5. 人工预测结果

按照公司"两级独立预测,三级联动校核"的工作机制,省、市、县三级要与系统开展背靠背预测,因此除系统预测结果外,还应依据实践经验开展人工预测。

人工预测主要从近五年月度电量同环比变化趋势、日电量同环比变化趋势、分项电量占合计电量的比例(如代理工商业占全体工商业电量的比例)、电量自然增长率(可以以历年电量相对平稳的 4 月、9 月为参考)等方面进行考虑,结合气象温度、节假日、重点样本用户信息以及重大事件、经济环境等影响因素,确定分行业类别、售电类别、电压等级等维度用户预测电量。可以增加历史月份的数据表格，以某指标历史五年的数据为例。

表3-5 历史五年某指标电量数据   单位：万千瓦·时

年份	1月	2月	3月	4月	5月	6月	7月	8月	9月	10月	11月	12月
2018	1744166	1108785	1613631	1838269	1812410	1899637	1990177	2114952	1846409	1920043	1977402	2073410
2019	2115817	1512215	1330185	2044676	2086642	2143589	2300541	2390317	2258372	1945927	2058494	2152669
2020	2308075	1252033	1850118	2173842	2209700	2274546	2352703	2522387	2459764	2536580	2308307	2331537
2021	2121539	776896	1767739	2222137	2253252	2482893	2687631	2842257	2601035	2528808	2590379	2737591
2022	2577806	1310991	2746688	2725357	2832272	2886678	3134847	3172634	2915236	2515704	2681264	2841128
2023	2298295	1905402	2893629	2888393	2936890	?						

表3-6为历史五年某指标电量数据，当预测2023年6月的情况时，要考虑历史同期的变化规律、环比变化规律及在全年总量中的占比情况等。本算例同比、环比和占比情况如下，在剔除特殊情况影响后，可应用近五年的均值作为6月预测的参考依据，如表3-6所示。

表3-6 6月预测数据增速

年份	同比	环比	总量中占比
2018	12.30%	4.81%	9.45%
2019	12.84%	2.73%	9.47%
2020	6.10%	2.93%	9.13%
2021	9.17%	10.19%	9.59%
2022	16.26%	1.92%	9.60%

6. 联动校核结果

综合以上内容，最终获取系统预测、人工预测和上报预测3种预测结果，同时结合发展、调度、交易和经研院等部门的预测结果，通过联动校核确定最终预测结果。

其中联动校核主要是从预测结果、影响因素、影响因素权重、重点样本跟踪结果和政策、气象等方面进行分析，比对各预测结果的偏差，经多方综合评估后确定最终预测结果。

四、分析复盘

这里主要介绍如何在实际结算结果出来后,对预测全过程进行分析复盘,重点分析预测偏差原因,编制复盘分析报告,总结预测典型经验,沉淀成果知识。

1. 数据质量评估

通过分析内外部数据情况,判断预测结果偏差较大是否为基础数据原因。针对内部数据,分析各维度及重点企业用户日电量累计与月发行电量的偏差,若因表计异常或者档案异常造成电量偏差较大,则后续加强数据采集监测和治理工作,确保电量数据的准确性和完整性;针对外部数据,分析其数据的完整性、准确性和及时性,并建立常态化的数据汇集、整理机制,确保满足预测的要求。

2. 影响因素评估

梳理实际用电当月电量影响因素,总结分析预测与实际影响因素的偏差,如实际用电当月是否存在某些特定事件。针对预测时未考虑的影响因素,开展该因素与电量的相关性分析,并将该因素纳入当月电量影响因素库,为后续电量预测提供参考。针对影响因素权重的偏差,分析当月与历史月份之间的权重差异性,对模型进行调优,对参数进行修正,进而修正模型,提高预测准确率。

3. 平台应用评估

从系统平台的数据全面性、操作便捷性、报表等功能的全面性等实用化角度进行评估,进而对系统平台提出需求,持续完善平台功能,提升预测工作的效率。

4. 预测模型评估

评估预测时选择的预测模型的准确性,若选择的模型不适用于当前预测的场景,就会导致预测结果的偏差。如预测场景中存在非线性关系,而选择了线性模型,则预测结果会出现较大偏差。因此事后应详细分析各类预测模型的适用场景,同时基于实际电量持续开展模型参数优化和模型评估等工作,确保模型的准确性和稳定性,为后续选择模型奠定基础。

为持续提升预测水平,积累电量预测经验,针对上述分析复盘情况编制复盘分析报告,并根据预测过程中的特色做法编制典型经验。

第五节　拓展应用

本节主要介绍基于电力电量数据和分析预测基础，拓展数据和服务应用，目前主要包括电力看经济和电量精算师两个应用场景。

一、电力看经济

"电力看经济"是基于电力大数据准确性高、实时性强的特点，充分挖掘电力数据和经济发展的关联，以电力大数据的视角"看"国民经济发展，分析研判当前形势和未来走势，从宏观和微观层面，多维展现国民经济发展的真实情况，为政务决策提供科学依据。其产品体系包括经济专题分析、电力经济指数、行业动能指数等。电力消费指数（EPI）通过电力能源消耗需求变化真实反映浙江省各地区各产业各行业运行状况。

二、电量精算师

"电量精算师"通过"勾选式"同步企业客户生产变化信息，结合科学预测模型算法，为客户提供定制化电量预测服务，实现次月用电高精度预测，减少偏差考核费用。该功能利用大数据算法技术对数据进行加工处理，形成用电数据分析报告，为企业量身定制优化运营方案，科学指导企业用能。同时，"电量精算师"基于日电量数据，对比企业交易申报电量和实际用电量情况，设置电量偏差预警规则，实时展示企业月度、年度剩余电量，及时提醒企业进行生产计划调整，避免出现较大用电偏差。"电量精算师"移动端界面如图3-9所示。

图3-9 "电量精算师"移动端界面

第四章

代理购电市场化采购

根据《国家电网有限公司代理购电工作指南（试行）》等文件要求，省公司营销部门牵头组织以省公司为主体，在交易平台进行市场注册。代理购电参与市场交易由省公司市场主体账号参与，代理购电用户暂不需要在交易平台进行市场注册。发展部组织购买跨省跨区电量、低价保供电源、省内尚未放开的优先发电机组电量，由省公司调控部门执行。营销部门按照电力交易机构中长期交易组织时间安排，参与年度、月度、月内等交易，根据市场化采购电量预测结果申报购电电量，作为价格接受者参与市场出清；根据市场供需形势，合理选择通过挂牌或集中竞价等交易方式参与市场。初期代理购电只参与中长期交易，在具备条件后，逐步参与现货交易。

第一节　电力中长期交易市场

本节重点介绍电力中长期交易市场的市场主体权责，从交易品种、交易方式与交易组织三个方面，概况性地呈现电力中长期市场的运行方式，帮助读者熟悉中长期市场的作用、原理及交易规则。

一、电力中长期交易市场定义

电力中长期交易指发电企业、电力用户、售电公司等市场主体，通过双边协商、集中交易等市场化方式，开展的多年、年、季、月、周、多日等电力批发交易。

与电力现货市场相比，电力中长期市场可以理解为开展多日以上较长周期电能量交易的市场，其反映电力系统为满足长期供用平衡而产生的电力系统投资、电网规划、调度运行、负荷管理等成本。供需双方以长期合约方式锁定主体交易量、锚定价格、确保合理收入与支出，保证电力系统安全、经济、稳定运行，实现电力资源的高效配置。

在电力中长期交易中，购售电双方以电量为交易标的，以自身发用电能力为基础，达成交易，约定合同电量、合同价格、交易周期及相关权利和义务等。浙江省电力中长期交易主要开展电能量交易并根据市场发展需要开展输电权、容量等交易。

二、交易品种和交易方式

电力中长期市场交易成员包括各类发电企业、电网企业、配售电企业、电力交易机构、电力调度机构、电力用户、储能企业等，其中电力交易机构、电力调度机构承担运行机构职能。

中长期市场主体如图 4-1 所示。

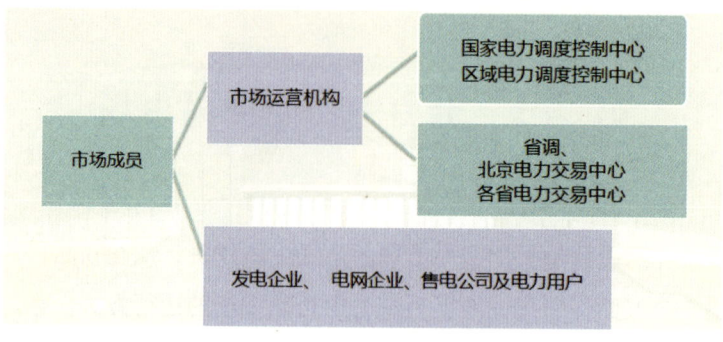

图 4-1 中长期市场主体

1. 交易品种

根据《电力中长期交易基本规则》（发改能源规〔2020〕889 号）规定，电力中长期交易现阶段主要开展电能量交易，灵活开展发电权交易、合同转让交易，根据市场发展需要开展输电权、容量等交易。

电能量交易是针对有功电能量进行的交易。电能量实物市场涉及与电力生产、传输等环节相关的自然资源、基础设施、市场制度和参与者。电能量市场范围受到电网覆盖范围严格制约。

发电权交易是以市场方式实现发电机组、发电厂之间合同电力替代生产的金融交易行为。发电厂按照一定规则确定各类机组年初始发电权电量和发电份额，并可以在发电机组合约市场开展发电许可额的双边/多边交易。

合同转让交易是指发电企业、批发用户、售电公司在不影响合同相对方权益的前提下，通过市场化交易方式实现市场主体之间全部或者合同电量的买卖。

容量交易是指发电容量的市场化交易行为，以可靠性装机容量作为交易标的物，目的是保证系统总装机容量的充裕性，并对提供了可靠装机容量的机组给予必要的补偿。

2. 交易方式

根据《电力中长期交易基本规则》（发改能源规〔2020〕889 号）、《浙江省电力中长期交易规则（2022 年修订版）》（浙发改能源〔2022〕301 号）等文件的规定，电能量交易包括双边协商交易和集中交易，其中集中交易包括集中竞价交易、挂牌交易和滚动撮合交易三种形式，如图 4-2 所示。

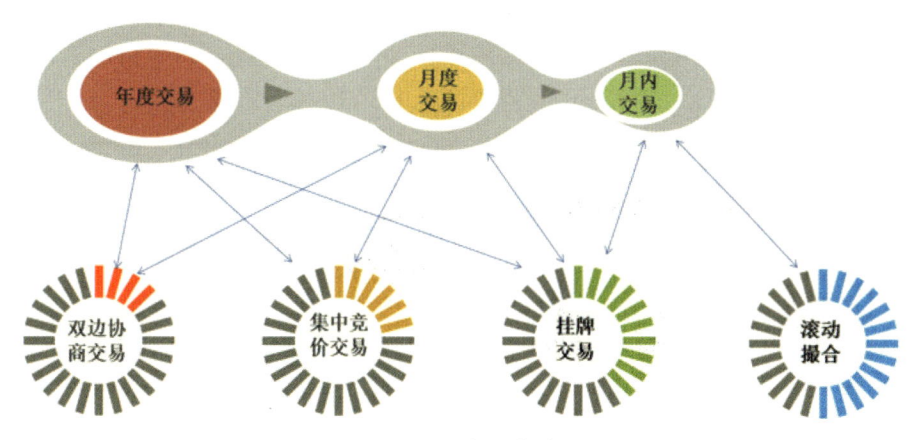

图 4-2　交易方式

（1）双边协商交易

双边协商交易，是指市场主体之间自主协商交易电量、电价，形成双边协商交易初步意向后，经相关方确认并校核后形成交易结果，如图 4-3 所示。

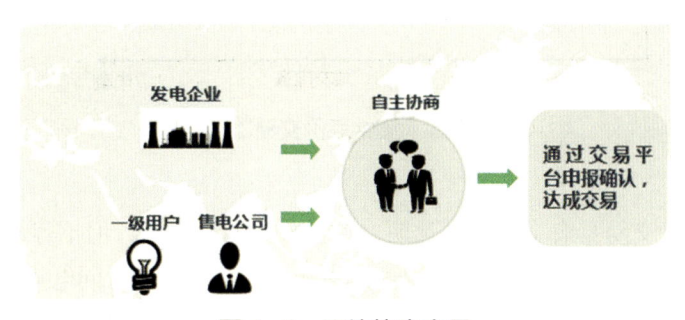

图 4-3　双边协商交易

双边协商交易具有比较容易把握、市场主体愿意选择等特点，但存在交易不够公开透明、交易成本（时间、人力）高等特点。通常年度、多月、季度等长周期交易采用，短周期交易不适合。

（2）集中竞价交易

集中竞价交易，是指市场主体通过电力交易平台申报电量、电价，市场运营机构进行集中出清，确定最终的成交对象、成交电量或容量与成交价格等，如图4-4和图4-5所示。

图4-4　集中竞价交易（一）

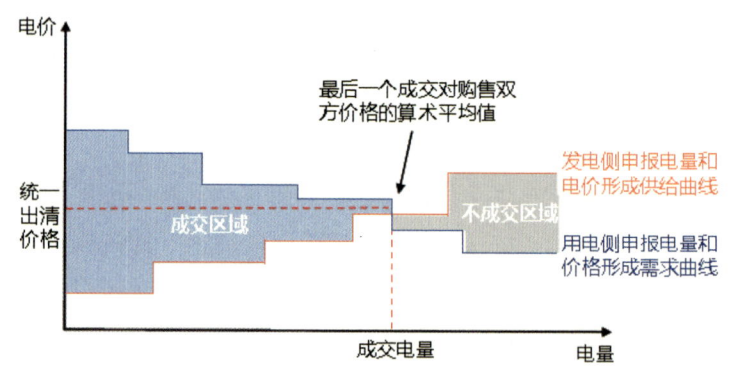

图4-5　集中竞价交易（二）

集中竞价交易具有交易公开透明、交易成本低等特点，但不容易把握，市场主体选择意愿不高。通常各类长短周期交易都可采用。

（3）挂牌交易

挂牌交易，是指市场主体通过电力交易平台，将需求电量或可供电量的数量和价格等信息对外发布要约，由符合资格要求的另一方提出接受该要约的申请，有关内容及示例如图4-6和图4-7所示。

挂牌交易具有比较容易把握、交易公开透明、交易成本低等特点，但可交易量有限，通常"一对多"。

图4-6 挂牌交易

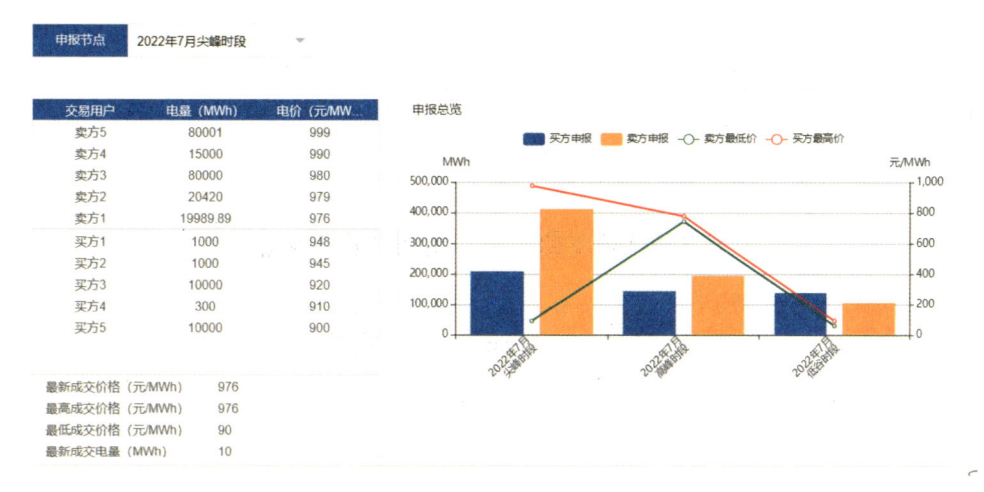

图4-7 挂牌交易示例

（4）滚动撮合交易

滚动撮合交易，是指在规定的交易起止时间内，市场主体可以随时提交购电或者售电信息，电力交易平台按照时间优先、价格优先的原则进行滚动撮合成交，如图4-8所示。

图4-8 滚动撮合

滚动撮合交易的特点是报价高、报价早的电力用户排序在前，市场能通过价格机制对供给和需求进行调整，从而使需求和供给平衡。

电网企业代理用户在中长期市场购电，采取集中竞价交易方式的，以报量不报价方式、作为价格接受者参与市场出清。市场交易中标电量不足部分，采取挂牌交易方式，挂牌电价根据当月月度市场交易加权平均价格确定。挂牌成交电量不足部分，由市场化机组按剩余容量等比例承担，价格按挂牌价格执行。

三、交易组织

交易组织的特点和示例等如图 4-9 和图 4-10 所示。

图 4-9　交易组织的特点

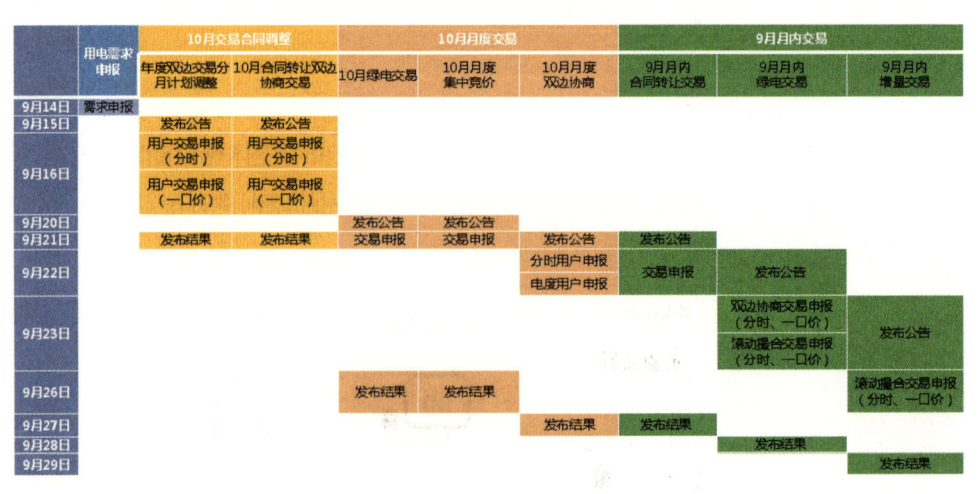

图 4-10　交易组织示例

1. 年度（多年）交易

年度（多年）交易包括双边协商交易和挂牌交易两种，一般在每年12月开展次年年度（多年）交易。

具体年度（多年）交易组织流程包括确定年度（多年）交易规模、发布交易通知和交易公告、组织年度（多年）双边协商交易、组织年度（多年）挂牌交易、签订合同和年度（多年）交易执行。

2. 月度交易

月度交易包括月度集中竞价交易和月内交易两种，于每月中下旬组织开展。

具体月度交易组织流程包括发布交易公告、组织月度集中竞价交易、组织月内交易、签订合同和月度交易执行。

3. 月内（多日）交易

月内（多日）交易是市场主体调整月度交易执行偏差的手段，主要包括月内（多日）挂牌交易、购电侧月内合同电量转让交易等。

月内（多日）交易中，发电企业固定为售方，一类用户、售电公司既可能为购方也可能为售方，根据各自当月市场电量执行偏差情况在交易之前选择交易角色，并采用连续挂牌的方式开展交易。具体内容详见《电力中长期交易基本规则》（发改能源规〔2020〕889号）。

第二节　电力现货市场介绍

电网企业代理购电用户与其他用户平等参与现货交易，公平承担责任义务，营销服务中心负责单独预测代理购电用户负荷曲线，作为价格接受者参与现货市场出清。

本节重点介绍省间、省内现货出台政策、出清机制及交易影响因素，让读者了解现货市场建设历程，熟悉省间、省内现货购电流程及相关理论知识，加深对购电业务的认识。

一、省间现货市场

（一）省间现货市场定义

省间现货交易是指在省间中长期交易基础上，充分利用省间通道剩余输电能力，开展的省间日前、日内电能量交易。这使原来单一消纳富余可再生能源，变成通过市场化手段调动全网资源余缺互济，在协助各省资源大范围优化配置和新能源大范围消纳的同时，平抑波动，保障电力系统的平衡和安全，具有确保电网安全运行、落实国家能源战略和发挥市场配置作用三大功能。

图 4-11 呈现了省间现货交易的基础条件。

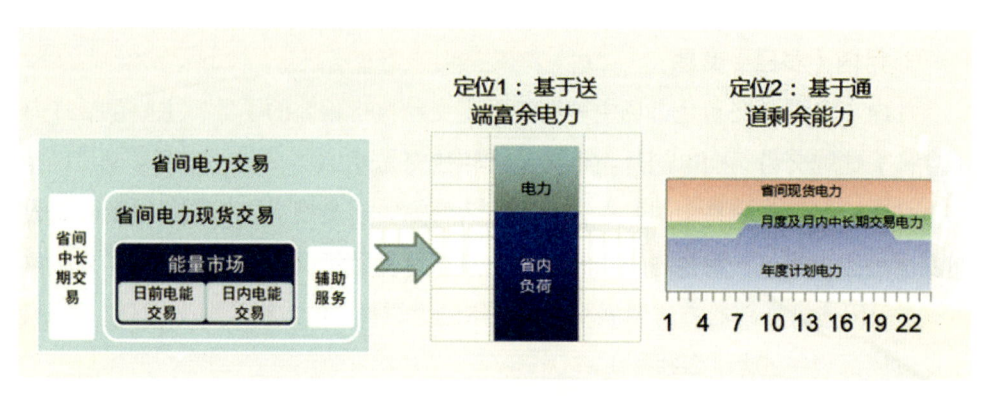

图 4-11 省间现货交易的基础条件

省间电力现货市场交易从时间维度一般可以分为省间日前现货交易、省间日内现货交易两种形式。

1. 省间日前现货交易

省间日前现货交易是指在电能量交割前一天开展的针对次日 24h 的省间电力交易。市场主体申报次日各时段发电或购电的量和价，采取竞价的原则集中出清。交易时段的时长一般选择原有的调度发电计划安排周期，保持了电力生产组织的连贯性。目前日前交易日从 00:15 至 24:00，每 15 分钟设为一个时段，交易日共分 96 个时段。

日前现货主要作为浙江省供需平衡的重要支撑手段。在日前应保障全省平衡裕度充足：在备用不足时，应参与省间现货购入所需电力或采取必要的需求侧管理措施；在消纳空间不足时，应参与省间现货售出多余电力或采取必要的弃电措施。在平衡裕度充足时，日前省间现货具备降低省内用能成本的作用。

2. 省间日内现货交易

省间日内现货交易是指在省间日前市场闭市至省间实时市场开启的某（些）时段开展的省间电力交易。在日内交易中，所有市场主体既可以买电，也可以卖电，市场主体申报实际交割前的各时段卖电或买电的量和价，通常采取先到先得、价格优先的原则进行滚动连续出清。目前日内以2小时为一个固定交易周期，组织省间日内现货交易（分别为0:15至2:00、2:15至4:00、4:15至6:00、6:15至8:00、8:15至10:00、10:15至12:00、12:15至14:00、14:15至16:00、16:15至18:00、18:15至20:00、20:15至22:00、22:15至24:00），每天划分为12个时段。固定交易周期结果发布后，若在本交易周期内仍有新增富余电力外送和购电需求，可组织临时交易，须保证T-60分钟前将出清结果下发至省调。

日内现货主要作为浙江省日内平衡的补充手段，在日前已实现供需平衡的前提下，在日内组织省间现货购电达到降低用能成本的目的，通过日内省间现货售电减少弃电规模，优化系统整体运行方式，具体概念介绍详见《省间电力现货交易规则（试行）》。

（二）市场主体及运营机构

市场主体包括发电企业、电网企业、售电公司、电力用户及市场运营机构，如图4-12所示。

图4-12　市场主体

在省间电力现货交易中，一般情况下一个省为一个交易节点。当省内出现严重阻塞，且该阻塞相对频繁发生时，可定义多个交易节点。国调中心、网调直调机组按照批复的电力消纳方式确定其所属交易节点，省内消纳的机组纳入省内交易节点，多省消纳的机组可设为独立交易节点。节点内以及同一省内不同节点间的市场主体不允许开展省间电力现货交易。

市场运营机构包括国调中心、网调、省调和北京电力交易中心、省级电力交易机构。

（三）交易标的

省间现货交易的标的为送端可再生能源富余发电电力，即落实各类中长期外送计划和交易后，若送端省发电侧、负荷侧调节资源已全部用尽，仍有富余可再生能源电力时，则组织开展省间现货交易。

（四）交易品种

省间现货交易的交易品种为卖方发电企业与买方电网企业、售电公司、电力用户之间进行的电能量交易。

（五）出清机制

1. 出清方式

省间电力现货交易采用集中竞价的出清方式，由电力电价折算、交易对匹配、成交量分配、阻塞管理和计算出清电价五个步骤组成，如图4-13所示。

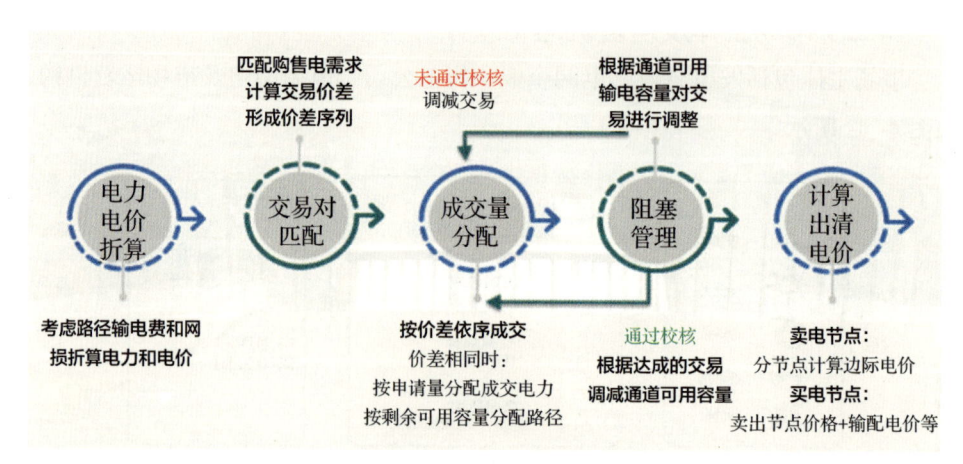

图4-13 五个步骤

电力和价格折算方法如下。

将买方市场主体在买方节点申报的电力和价格按照所有可用交易路径，按如下公式折算到卖方节点：

折算到卖方节点的买方市场主体价格＝买方市场主体报价－输电价格（含输电网损折价）

折算到卖方节点的买方市场主体电力＝买方市场主体申报电力/(1－线路网损率)

$$\text{power}_{卖电,j,t}^{卖} = \frac{\text{power}_{买电,j,t}}{\text{coe}_1}$$

$$\text{price}_{卖电,j,t}^{卖} = \text{price}_{买电,j,t} \times \text{coe}_1 - \text{price}_{coe}$$

$$\text{coe}_1 = \prod_{m=1}^{N}(1-p_m)$$

$$\text{price}_{coe} = \sum_{m=1}^{N}\left[Pt_m \times \prod_{r=1}^{m}(1-p_r)\right]$$

2. 出清规则

买卖双方申报本地购售电"电力－价格"曲线，由技术支持系统将买方市场主体申报的电力和价格，考虑输电费和网损，按交易路径折算到卖方节点进行集中排序撮合，报价最低的卖方市场主体和报价最高的买方市场主体优先成交，双方在卖方节点最后一笔成交的报价平均值作为卖电节点边际出清价格，如图4-14所示。

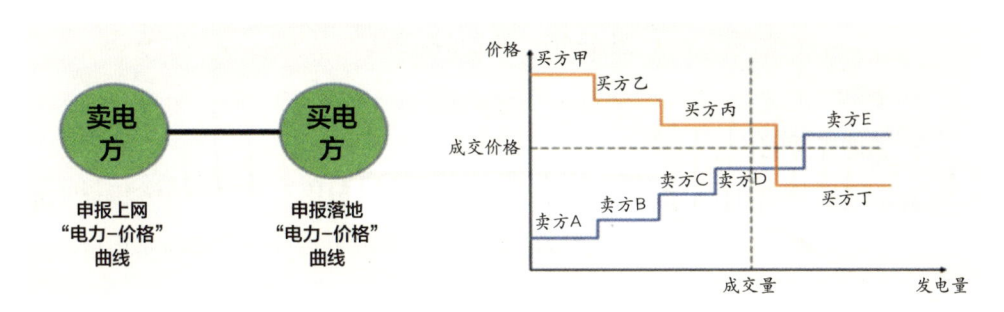

图4-14 某省边际出清过程

（六）影响因素

1. 同一时段缺少买方/卖方因素

同一交易时段，买方和卖方的申报情况各异，若出现有买方无卖方申报或相反的情况，则不能成交，如图 4-15 所示。

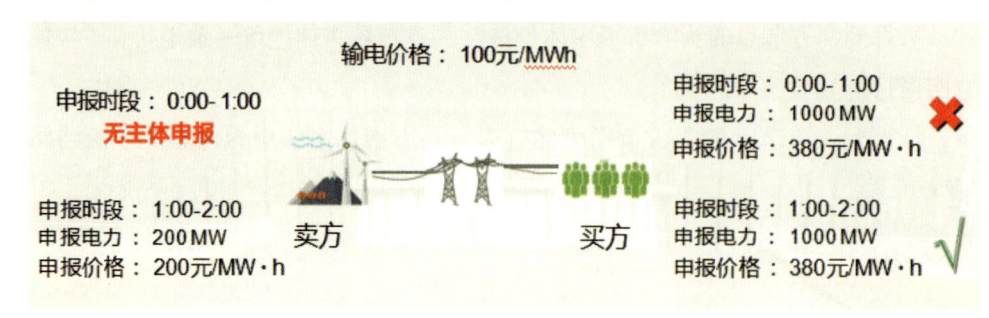

图 4-15　同一时段缺少买方/卖方因素

2. 申报价格因素

申报价格是决定交易成交的关键因素之一。买方市场主体出价（考虑输电价格和网损折算至卖方节点的申报价格）必须高于卖方市场主体出价，才能成交，如图 4-16 所示。

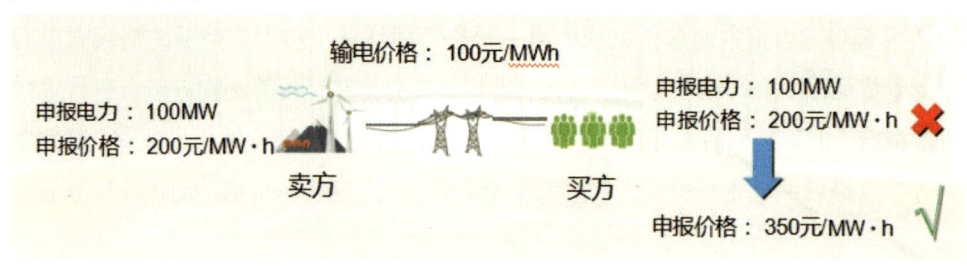

图 4-16　申报价格因素

3. 通道可用因素

交易路径上可用容量是决定交易成交的另一关键因素。在买卖双方报价匹配后可以成交的情况下，通道可用容量的大小决定了买卖双方能达成的交易量，如图 4-17 所示。

图 4-17　通道可用因素

4. 多交易路径因素

买方和卖方间可选择多条交易路径开展交易，优先选择输电价格（含网损折价）最低的交易路径开展交易，如图4-18所示。

图4-18　多交易路径因素

5. 多卖方或多买方因素

在多卖方的情形下，出价低的卖方优先成交。同理，多买方的情形下，出价高的买方优先成交，如图4-19所示。

图4-19　多卖方或多买方因素

（七）交易组织

1. 日前交易购电

D-1日11：00前，通过系统获取调控中心提供的日前电力购入需求信息。

D-1日11:30前，依据前一日形成的申报价格，在电力交易平台完成日前省间现货申报购电。

D-1日11:45前，调控中心对申报数据进行合理性校验，并上报至国调中心。

D-1日17:00前，营销服务中心查询购电成交信息。

2.日内交易购电

T-140分钟前，通过系统获取调控中心提供的日内电力购入需求信息。

T-110分钟前，依据前一日形成的申报价格，在电力交易平台完成日内省间现货申报购电。

T-90分钟前，调控中心对申报数据进行合理性校验，并上报至国调中心。

T分钟前，营销服务中心查询购电成交信息。

二、省内现货市场

自2017年8月浙江被国家列为全国8个现货市场试点省之一以来，浙江现货市场试点历经市场设计和规则编制、模拟结算试运行，近年陆续开展五次结算试运行。浙江现货市场规则几经迭代，目前尚未形成完整的规则体系文本，各类型电源参与方式尚待在推进中完善。现货市场启动前，尚需明确初期参与现货市场的用户范围、谷电用户较多的用户的电价衔接问题、不参与现货市场的用户处理方式，以及兜底、代理购电用户的参与方式等。

（一）省内现货市场定义

电力现货市场是以实现电能量交割为目的，以集中竞价为交易方式，以较短时间为交易周期的电能交易市场。

建立电力市场的目的是通过市场来发现价格，还原电力的商品属性。目前各省的电力中长期交易（直接交易）已经初步实现了由供需双方通过市场方式协商确定电力价格，但是，因为中长期交易主要是在年度、月度时间跨度下开展，交易价格还不能够反映实时的供需关系情况。因此，需要建设小时级甚至分钟级的电力现货市场。

从时间周期上看，它泛指日前、日内、实时更短时间内的电能量交易市场，是相对于电力中长期市场多年、年、季、月、周长周期时间内电能量交易市场的一个概念。

从市场范围看，它包含省间电力现货市场、省内电力现货市场，本小节将重点对省内电力现货市场进行阐述。

按现货市场组织方式，可以将市场分为分散式市场和集中式市场两种：分散式市场是主要以中长期实物合同为基础，发用双方在日前阶段自行确定日发用电曲线，偏差电量通过日前、实时平衡交易进行调节的电力市场模式；集中式市场是主要以中长期差价合同管理市场风险，配合现货交易采用全电量集中竞价的电力市场模式。

省内电力现货市场主要按照日前、日内、实时开展，图4-20呈现了中长期、现货市场交易时间尺度和交易标的。

中长期市场
- 时间尺度：多年、年、季、月、周
- 交易标的：电能量、辅助服务、相关金融衍生品

现货市场
- 时间尺度：日前、日内、实时
- 交易标的：电能量、辅助服务、相关金融衍生品

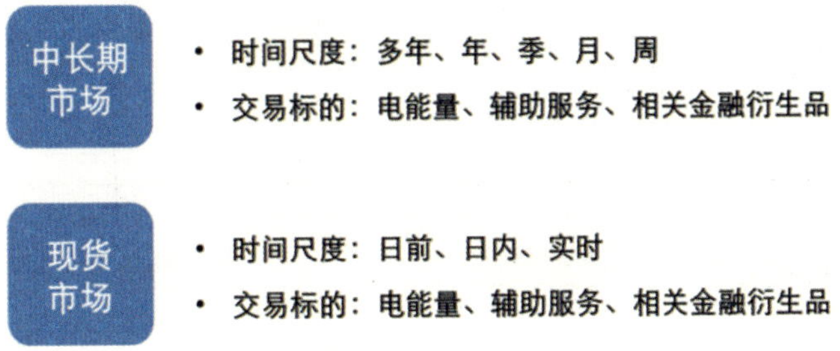

图4-20 中长期、现货市场交易时间尺度和交易标的

1. 日前市场

现货市场的主要交易平台，提前一天时间确定次日机组的开机组合发电功率，调节所需发电用电曲线和中长期合同的偏差，基本实现次日电力电量的平衡，而且满足电网安全约束条件。

2. 实时市场

在小时前组织实施，接近系统的实时运行情况，真实反映系统超短期的资源稀缺程度与系统堵塞程度，实现电力实时平衡和电网安全运行。

（二）交易方式与品种

1. 交易方式

现货电能量市场采用节点电价机制定价。日前市场和实时市场通过集中竞价的方式形成分时节点电价作为市场电能价格。

集中竞价：市场主体通过电力交易平台申报电量、电价，市场运营机构进行集中出清，确定最终的成交对象、成交电量或容量与成交价格等，如图4-21所示。

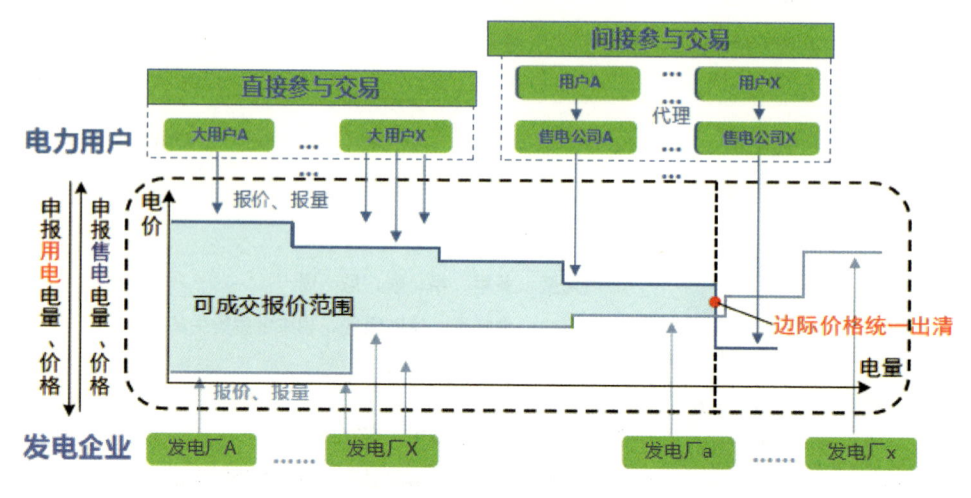

图4-21 交易方式

2. 交易品种（如图4-22所示）

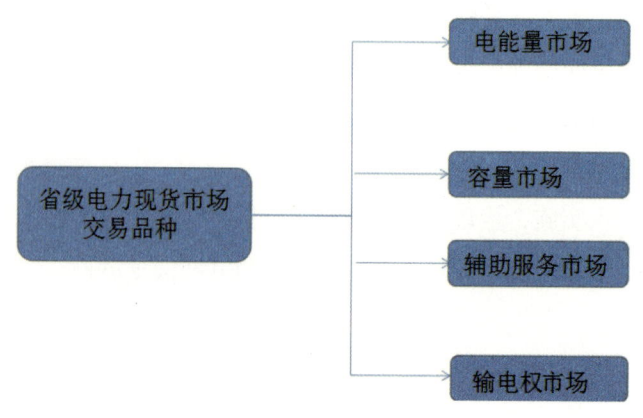

图4-22 交易品种

电力现货市场交易品种包含电能量市场、容量市场、辅助服务市场、输电权市场。

电能量市场是以电能量为交易标的物的市场。

容量市场是一种经济激励机制，使发电机组能够获得在不确定性较高的能量市场和辅助服务市场以外的稳定经济收入，来鼓励机组建设，使系统在面对高峰负荷时有足够的发电容量冗余。

辅助服务市场是为了保障电力商品的质量（电压和频率）和电力系统的安全稳定运行所需要的保障服务能力的市场。辅助服务包括：为电力系统统发故障而提供的有功备用服务、为保持系统频率稳定而提供的调频服务、为维持系统各节点电压而提供的无功支持和电压控制服务，以及在大停电后的黑启动服务等。

输电权是指输电网络的产权人在约定的时间内通过其输电网络输送一定功率电能的权利，输电权市场是买卖输电网络输电权的市场。

（三）交易组织

交易组织相关流程及内容如图 4-23 所示。

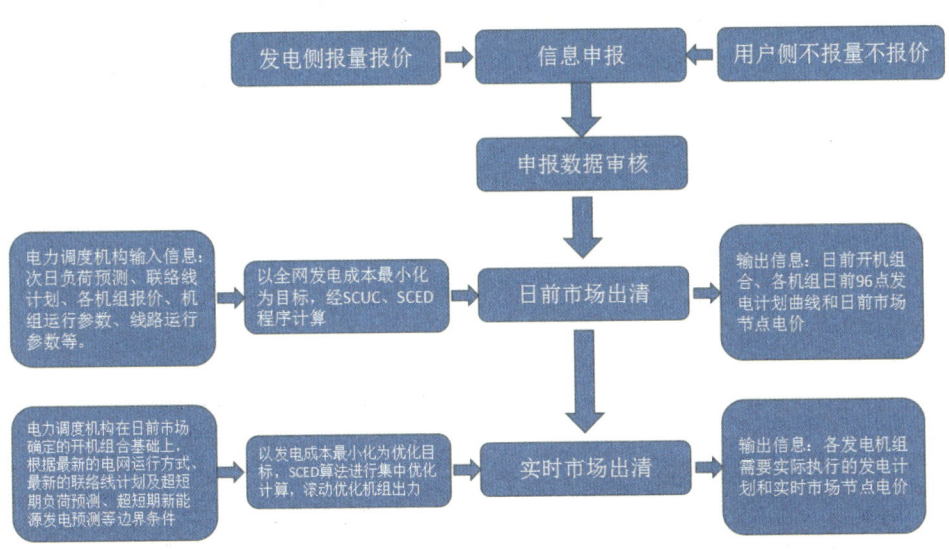

图 4-23　交易组织相关流程及内容

1. 组织方式

发电侧报量报价，用户侧存在报量报价、报量不报价、不报量不报价三种模式，各省组织方式存在差异。

2. 交易申报

（1）信息申报

竞价日交易申报截止时间前，参与日前市场交易的市场主体须申报最多未来三日的交易信息，如图 4-24 和图 4-25 所示。

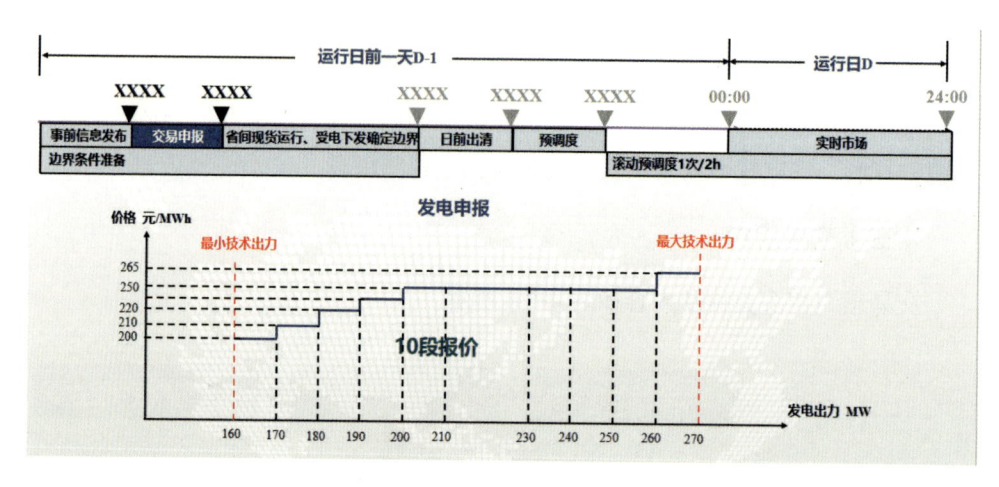

图 4-24　信息申报（一）

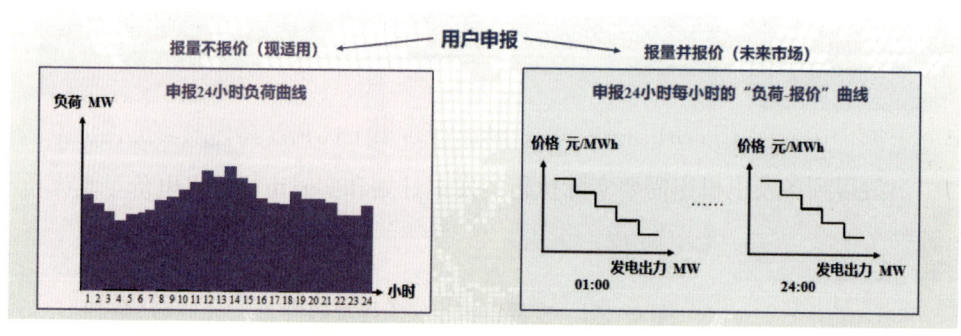

图 4-25　信息申报（二）

报量不报价：用户为价格的被动接受者，参与市场定价不充分，日前申报负荷全部被满足，以最小化发电成本为目标函数。

报量并报价：用户充分参与市场定价，可能部分负荷需求无法在日前市场交易成功，需要在实时市场购买该部分电量，以全社会福利最大化为目标函数。

用户侧报量并报价是日前市场建设目标，市场运行初期，用户尚不完全具备每日按节点申报量价曲线的决策能力，因此先从用户侧报量不报价的模式起步，逐步过渡到报量并报价的模式。

（2）申报数据审核

市场主体申报信息、数据应满足规定要求，由电力交易平台根据要求自动进行初步审核，初步审核不通过的不允许提交，直至符合申报要求。

3. 市场出清及结果发布

（1）日前市场出清

电力调度机构将次日负荷预测、联络线计划、各机组报价、机组运行参数、线路运行参数等作为输入信息，以全网发电成本最小化为目标，考虑备用需求、断面极限等电网运行约束，以及最大最小出力、爬坡限制等机组运行约束，经SCUC、SCED程序计算，形成日前开机组合、各机组日前96点发电计划曲线和日前市场节点电价。

（2）实时市场出清

电力调度机构在日前市场确定的开机组合基础上，根据最新的电网运行方式、最新的联络线计划及超短期负荷预测、超短期新能源发电预测等边界条件，以发电成本最小化为优化目标，采用SCED算法进行集中优化计算，滚动优化机组出力，出清得到各发电机组需要实际执行的发电计划和实时市场节点电价（具体执行情况以规则发文为准）。

图 4-26 所示为现货市场工作流程。

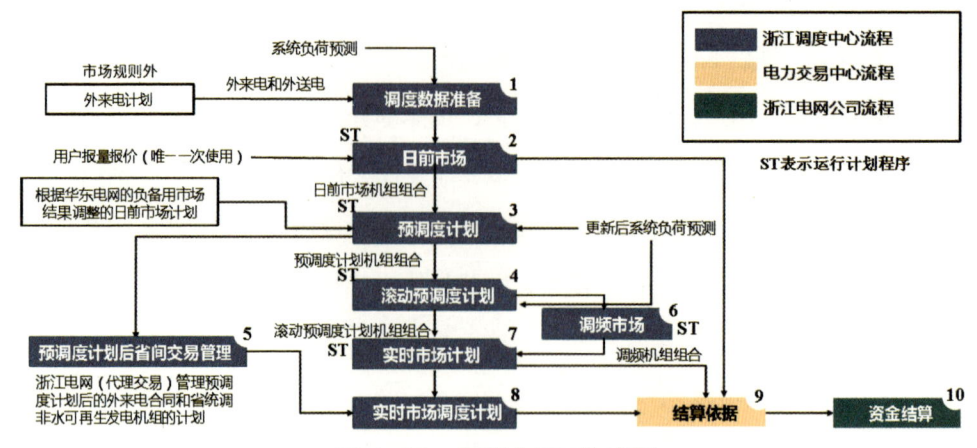

图 4-26　现货市场工作流程

第五章

代理购电用户电价

本章介绍电网企业代理购电用户电价组成、含义、形成机制和电价表，便于工作人员掌握代理购电用户电价内涵、电价形成流程及解读电价表，更准确、规范地解答用户咨询。

第一节　代理购电用户电价组成

电网企业代理购电用户电价由代理购电交易价格、上网环节线损费用、输配电价、系统运行费用、政府性基金及附加组成。

已直接参与市场交易（不含已在电力交易平台注册但未曾参与电力市场交易，仍按目录销售电价执行的用户）在无正当理由情况下改由电网企业代理购电的用户，拥有燃煤发电自备电厂、由电网企业代理购电的用户，用电价格由电网企业代理购电价格的 1.5 倍、输配电价、政府性基金及附加组成。已直接参与市场交易的高耗能用户，不得退出市场交易；尚未直接参与市场交易的高耗能用户原则上要直接参与市场交易，暂不能直接参与市场交易的由电网企业代理购电，用电价格由电网企业代理购电价格的 1.5 倍、输配电价、政府性基金及附加组成。电网企业代理上述用户购电形成的增收收入，纳入其为保障居民、农业用电价格稳定产生的新增损益统筹考虑。

第二节　代理购电用户电价生成流程

一、代理购电价格测算

省公司财务部根据代理购电省间与省内、中长期与现货分时段电量，市场化采购电量等数据，以及交易价格，辅助服务费用，代理购电偏差费用，为保障居民、农业用电价格稳定产生的新增损益等信息，根据政府主管部门确定的价格测算模型，按月测算形成次月代理购电价格。

二、代理购电价格审批备案

省公司财务部根据测算形成的代理购电价格,以及政府主管部门明确的代理购电信息公开内容,按月编制形成次月代理购电价格公告表,并于每个月最后 4 日前完成省公司内部审批流程和省级政府主管部门报备程序。

三、代理购电价格公告发布

省公司营销部根据财务部提供的次月代理购电价格公告表,每个月最后 3 日前组织省营销服务中心和地市、县公司通过"网上国网"、供电营业厅等线上线下服务渠道发布,并向国网客服中心备案。

第三节　代理购电价格表解读

一、国网浙江省电力有限公司代理购电工商业用户电价表解读(见表 5-1)

表 5-1　国网浙江省电力有限公司代理购电工商业用户电价表

(执行时间:2023 年 7 月 1 日—2023 年 7 月 31 日)

用电分类		电压等级	电度用电价格(元/千瓦·时)	其中					分时电度用电价格(元/千瓦·时)			容(需)量用电价格	
				代理购电交易价格	上网环节线损费用	电度输配电价	系统运行费用	政府性基金及附加	尖峰时段	高峰时段	低谷时段	最大需量(元/千瓦·月)	变压器容量(元/千伏安·月)
两部制	大工业用电	1~10(20)kV	0.7149	0.5016	0.0206	0.1260	0.0375	0.0292	1.2583	1.0710	0.3160	48.0	30.0
		35kV	0.6844	0.5016	0.0206	0.0955	0.0375	0.0292	1.2251	1.0330	0.2880	44.8	28.0
		110kV	0.6680	0.5016	0.0206	0.0791	0.0375	0.0292	1.2025	1.0154	0.2673	41.6	26.0

续表

| 用电分类 | 电压等级 | 电度用电价格（元/千瓦·时） | 其中 ||||| 分时电度用电价格（元/千瓦·时） ||| 容（需）量用电价格 ||
			代理购电交易价格	上网环节线损费用	电度输配电价	系统运行费用	政府性基金及附加	尖峰时段	高峰时段	低谷时段	最大需量（元/千瓦·月）	变压器容量（元/千伏安·月）
两部制	220kV及以上	0.6577	0.5016	0.0206	0.0688	0.0375	0.0292	1.1905	1.0066	0.2563	38.3	24.0
一般工商业用电	1~10(20)kV	0.7149	0.5016	0.0206	0.1260	0.0375	0.0292	1.2511	0.9294	0.3789	48.0	30.0
	35kV	0.6844	0.5016	0.0206	0.0955	0.0375	0.0292	1.2046	0.8966	0.3559	44.8	28.0
	110kV	0.6680	0.5016	0.0206	0.0791	0.0375	0.0292	1.1757	0.8751	0.3474	41.6	26.0
	220kV及以上	0.6577	0.5016	0.0206	0.0688	0.0375	0.0292	1.1576	0.8616	0.3420	38.3	24.0
单一制 一般工商业用电	不满1kV	0.8237	0.5006	0.0206	0.2452	0.0281	0.0292	1.4251	1.0626	0.4448		
	1~10(20)kV	0.8033	0.5016	0.0206	0.2144	0.0375	0.0292	1.4058	1.0443	0.4258		
	35kV及以上	0.7659	0.5016	0.0206	0.1770	0.0375	0.0292	1.3481	1.0034	0.3983		

注：①电网企业代理购电用户电价由代理购电交易价格、上网环节线损费用、输配电价、系统运行费用、政府性基金及附加组成。其中输配电价由电度输配电价、容（需）量用电价格构成，按照国家核定标准执行。基金及附加标准（分/千瓦·时）：国家重大水利建设基金 0.403875 分；大中型水库移民扶持基金 0.62 分；可再生能源附加 1.9 分。

②不满1kV 两部制工商业用户代理购电交易价格参照不满1kV 单一制工商业用户代理购电交易价格执行，其输配电价参照1~10（20）kV 两部制工商业用户输配电价执行，其分时电价浮动比例参照1~10（20）kV 两部制工商业用户分时电价浮动比例执行。

③7、8月，大工业高峰电价在高峰电价上浮比例上再相应提高 2 分，低谷电价在低谷电价下降比例基础上再相应降低 2 分。

1. 代理购电电度用电价格

代理购电电度用电价格 = 代理购电交易价格 + 上网环节线损费用 + 电度输配电价 + 系统运行费用 + 政府性基金及附加

现以 35kV 大工业用电为例：

7月电度用电价格 =0.5016+0.0206+0.0955+0.0375+0.029238=0.6844

代理购电交易价格，基于电网企业代理工商业用户购电费（含偏差电费）、代理工商业用户购电量等确定。代理购电用户应承担的发用两侧电能电费偏差折价含在代理购电交易价格中。

上网环节线损费用，包括预测上网环节线损费用和综合线损电量偏差费用（全电力市场损益清算内容）。预测上网环节线损费用根据工商业用户全年平均上网电价（不含天然气发电容量电费）和国家核定上网环节综合线损率3.53%测算形成，综合线损电量偏差费用根据每月清算结果确定。

电度输配电价，为国家核定的价格标准，分单一制和两部制输配电价。

表5-2为浙江电网输配电价表。

表5-2　浙江电网输配电价表

用电分类		电量电价（元/千瓦·时）				容（需）量电价					
^	^	^	^	^	^	需量电价（元/千瓦·月）				变量电价（元/千伏安·月）		
^	^	不满1kV	1~10(20)kV	35kV	110kV	220kV及以上	1~10(20)kV	35kV	110kV	220kV及以上	1~10(20)kV	35kV	110kV	220kV及以上
工商业用电	单一制	0.2452	0.2144	0.1770									
^	两部制		0.1260	0.0955	0.0791	0.0688	48.0	44.8	41.6	38.3	30.0	28.0	26.0	24.0

注：①表中各电价含增值税、区域电网容量电费、对居民和农业用户的基期交叉补贴，不含政府性基金及附加、上网环节线损费用、抽水蓄能容量电费。
②原包含在输配电价内的上网环节线损费用在输配电价外单列，上网环节综合线损率为3.53%。
③原包含在输配电价内的抽水蓄能容量电费在输配电价外单列，第三监管周期各年度容量电费分别为22.77亿元、19.70亿元和19.70亿元（含税）。
④工商业用户执行上述输配电价表，居民生活、农业生产用电继续执行现行目录销售电价政策。

系统运行费用，包括辅助服务费用，抽水蓄能容量电费，居民、农业交叉补贴新增损益，天然气发电容量电费，代理特殊用户增收，用户执行分时损益等。

政府性基金及附加，按政府核定标准执行，目前包括国家重大水利建设基金（0.403875分/千瓦·时）、大中型水库移民扶持基金（0.62分/千瓦·时）和可再生能源附加费用（1.9分/千瓦·时）。

2. 分时电度用电价格

分时电度用电价格＝代理购电电度用电价格×分时浮动比例

2023年10月前，工商业用户分时电价执行浙发改价格〔2021〕377号文件规定的浮动比例，详见表5-3。7、8月，大工业高峰电价在高峰电价上浮比例基础上再相应提高2分，低谷电价在低谷电价下降比例基础上再相应降低2分。

表5-3　工商业用户峰谷时段及浮动比例

用电分类	电压等级	分时电价浮动比例（%）		
		尖峰电价上浮	高峰电价上浮	低谷电价下浮
二、大工业电用	1~10kV	76	47	53
	20kV	78	48	54
	35kV	79	48	55
	110kV	80	49	57
	220kV及以上	81	50	58
三、一般工商业及其他用电	不满1kV	73	29	46
	1~10kV	75	30	47
	20kV	76	30	48
	35kV及以上	76	31	48

根据浙江省发展改革委《关于转发国家发展改革委＜关于第三监管周期省级电网输配电价及有关事项的通知＞的通知》（浙发改价格〔2023〕139号）的规定，自2023年10月1日起执行新的工商业用户峰谷时段及浮动比例，详见表5-4。

表5-4　工商业用户峰谷浮动比例表

用电分类	分时电价浮动比例（%）		
	尖峰电价上浮	高峰电价上浮	低谷电价下浮
大工业电用	80	38	53
一般工商业用电	76	21	48

注：1. 大工业用电分时电价时段划分：尖峰时段为9:00—11:00、15:00—17:00；高峰时段为8:00—9:00、13:00—15:00、17:00—22:00；低谷时段为11:00—13:00、22:00—次日8:00。1月、7月、8月和12月的13:00—15:00，增设为尖峰时段，执行尖峰电价。
2. 一般工商业及其他用电分时电价时段划分：尖峰时段为19:00—21:00；高峰时段为8:00—11:00、13:00—19:00、21:00—22:00；低谷时段为11:00—13:00、22:00—次日8:00。

因此，35kV大工业用电用户7月分时电度用电价格为：

尖峰电度用电价格＝（0.5016+0.0206+0.0955+0.0375+0.029238）×1.79=1.2251

高峰电度用电价格＝（0.5016+0.0206+0.0955+0.0375+0.029238）×1.48+ 0.02=1.0330

低谷电度用电价格＝（0.5016+0.0206+0.0955+0.0375+0.029238）×0.45-0.02=0.2880

自2023年10月1日起,1月、7月、8月和12月的13:00—15:00,增设为尖峰时段,执行尖峰电价,因此不再对大工业高峰电价提高2分,低谷电价降低2分。

二、国网浙江省电力有限公司执行1.5倍代理购电价格表解读(见表5-5)

表5-5 国网浙江省电力有限公司执行1.5倍代理购电价格表

(执行时间:2023年7月1日—2023年7月31日)

用电分类		电压等级	电度用电价格(元/千瓦·时)	其中					分时电度用电价格(元/千瓦·时)			容(需)量用电价格	
				代理购电交易价格	上网环节线损费用	电度输配电价	系统运行费用	政府性基金及附加	尖峰时段	高峰时段	低谷时段	最大需量(元/千瓦·月)	变压器容量(元/千伏安·月)
两部制	大工业用电	1~10(20)kV	0.9657	0.7524	0.0206	0.1260	0.0375	0.0292	1.6997	1.4396	0.4339	48.0	30.0
		35kV	0.9352	0.7524	0.0206	0.0955	0.0375	0.0292	1.6741	1.4042	0.4009	44.8	28.0
		110kV	0.9188	0.7524	0.0206	0.0791	0.0375	0.0292	1.6539	1.3891	0.3751	41.6	26.0
		220kV及以上	0.9085	0.7524	0.0206	0.0688	0.0375	0.0292	1.6445	1.3828	0.3616	38.3	24.0
	一般工商业用电	1~10(20)kV	0.9657	0.7524	0.0206	0.1260	0.0375	0.0292	1.6900	1.2555	0.5118	48.0	30.0
		35kV	0.9352	0.7524	0.0206	0.0955	0.0375	0.0292	1.6460	1.2252	0.4863	44.8	28.0
		110kV	0.9188	0.7524	0.0206	0.0791	0.0375	0.0292	1.6172	1.2037	0.4778	41.6	26.0
		220kV及以上	0.9085	0.7524	0.0206	0.0688	0.0375	0.0292	1.5990	1.1902	0.4724	38.3	24.0
单一制	一般工商业用电	不满1kV	1.0704	0.7509	0.0206	0.2452	0.0281	0.0292	1.8581	1.3855	0.5800		
		1~10(20)kV	1.0541	0.7524	0.0206	0.2144	0.0375	0.0292	1.8447	1.3704	0.5587		
		35kV	1.0167	0.7524	0.0206	0.1770	0.0375	0.0292	1.7895	1.3319	0.5287		

注:已直接参与市场交易改由电网企业代理购电的用户,拥有燃煤发电自备电厂由电网企业代理购电的用户,由电网企业代理购电的高耗能用户,用电价格由电网企业代理购电交易价格的1.5倍、上网环节线损费用、输配电价、系统运用费用、政府性基金及附加组成。

表 5-5 中的代理购电交易价格为以上三类执行 1.5 倍代理购电价格用户对应价格。

仍以 35kV 大工业用电为例：

7 月 1.5 倍代理购电交易价格 =0.5016×1.5=0.7524

7 月 1.5 倍代理购电电度用电价 =0.7524+0.0206+0.0955+0.0375+0.029238=0.9352

分时电度用电价格 = 代理购电电度用电价格 × 分时浮动比例。

尖峰 1.5 倍代理购电电度用电价格 =（0.7524+0.0206+0.0955+0.0375+0.029238）×1.79=1.6741

高峰 1.5 倍代理购电电度用电价格 =（0.7524+0.0206+0.0955+0.0375+0.029238）×1.48+0.02=1.4042

低谷 1.5 倍代理购电电度用电价格 =（0.7524+0.0206+0.0955+0.0375+0.029238）×0.45-0.02=0.4009

三、国网浙江省电力有限公司代理购电价格表解读（见表 5-6）

表 5-6 国网浙江省电力有限公司代理购电价格表

（执行时间：2023 年 7 月 1 日—2023 年 7 月 31 日）

名称	序号	明细	计算关系	数值
电量（亿千瓦·时）	1	工商业代理购电量	1=2+3	105.1
	2	未直接参与市场形成交易价格的上网电量	2	105.1
	3	直接参与市场形成交易价格的上网电量	3	0
电价（元/千瓦·时）		1~10（20）kV 及以上工商业用户		
	4	代理购电交易价格	4	0.5016
	5	上网环节线损费用	5	0.0206
	6	系统运行费用	6	0.0375
		不满 1kV 工商业用户		
	7	代理购电交易价格	7	0.5006
	8	上网环节线损费用	8	0.0206
	9	系统运行费用	9	0.0281

注：上网环节线损费用、系统运行费用提前发布，直接参与市场交易用户、兜底售电用户与代理购电用户执行相同折价标准。

表 5-6 分电量和电价两部分内容。

电量部分展示工商业代理购电量，包括未直接参与市场形成交易价格的上网电量和直接参与市场形成交易价格的上网电量。

电价部分展示代理购电交易价格、上网环节线损费用、系统运行费用。

代理购电交易价格基于电网企业代理工商业用户购电费（含偏差电费）、代理工商业用户购电量等确定。

上网环节线损费用是指电能从发电厂传输到电力用户过程中产生的电能损耗而产生的费用。例如，线损率5%的情况下，电厂发100度电，到用户端只有95度电，传输过程中存在5度电的损耗；用户除需要承担95度电的用电成本外，还需要承担5度电的损耗。按照浙江省规则，上网环节线损费用按实际上网电价和国家核定的综合线损率（3.53%）计算，所有工商业用户执行相同的上网环节线损费用折价标准，每月底前统一公布下个月标准。上网环节线损费用随每月上网电价变化而变化。

系统运行费用主要是指用于保障电力系统安全稳定运行、支持新型电力系统建设，暂不纳入上网电价和输配电价，由用户承担的费用。系统运行费用包括居民、农业电价的交叉补贴新增损益（原市场损益费用，7月），抽水蓄能相关费用（从输配电费中单列），天然气容量电费，辅助服务费用，分时电价损益（原市场损益费用），代理特殊用户增收费用（原市场损益费用）等6项费用。其中不满1kV工商业用户不承担天然气容量电费，因此其系统运行费用折价低于1～10kV及以上工商业用户。

第六章

代理购电电费结算

伴随市场化交易机制的不断完善，参与主体和交易类型比以往更复杂、更多元，代理购电用户的电费内容与计算逻辑也更加"丰富"。

为适应电力市场化交易、电价市场化改革要求，国网浙江省电力有限公司以代理购电电费结算体系建设为主线，以信息化、数字化、智能化技术为支撑保障，构建代理购电市场化运作机制，推进电费抄核收业务转型升级，建成"一体四化"（购售电一体、市场化、专业化、智能化、精益化）的代理购电和电费结算体系。

第一节　电量电费计算

一、电量抄录

通过推进采集抄表一体管理模式，健全系统监测、日常巡视、故障消缺、现场补抄等处理机制。分次结算的代理购电用户每月按分次抄表例日抄表，分次结算电量按当期电网代理购电价格计算，抄表当天完成电费发行。

终次结算在每月1日，营销系统接收采集系统推送的用户1日零点的表计示数，由供电所抄表人员对抄表示数进行复核，确保抄表示数无误，对采集获取失败的用户进行现场补采，并对抄表电量进行审核，确保抄见电量和结算电量正确。分次电费在终次电费结算中进行扣减。

二、电费计算

营销系统根据用户本月结算电量，按对应月份代理购电用户电价计算代理购电电费、上网环节线损费用、系统运行费用等市场化电费，并叠加输配电电费、功率因数调整电费、基本电费等非市场化费用，形成本月的用户电费。

代理购电用户结算电费＝代理购电电费＋输配电电费＋系统运行费用＋上网环节线损费用＋功率因数调整电费

三、代理购电绿电结算

暂按照《北京电力交易中心绿色电力交易实施细则》（京电交市〔2022〕24号）执行，电网企业代理用户及兜底用户可直接参与绿电交易，省电力交易中心负责在月底前提供当月参与绿电交易的代理购电用户的结算依据，内容包括一户多个绿电合同的结算顺序和每个合同的绿电结算电价、当月剩余合同电量。

省电力公司根据绿电合同结算顺序及当月可结电量计算绿电平均结算电价；分时电价则按绿电平均结算电价和对应电压等级与用电类别的分时电价浮动比例要求进行计算。根据绿电优先结算原则，省电力公司按用户当月结算总电量和当月剩余合同电量取小值计算当月绿电结算总电量；执行分时电价用户则根据当月各时段电量占比对应计算绿电分时段电量。

参与绿电交易的电网企业代理购电用户，其绿电电量部分所涉及的分摊（分享）费用、天然气发电容量电费、辅助服务分摊费用等费用价格水平与批发用户、零售用户保持一致，叠加后形成绿电部分结算总电费。

绿电一般在月底前完成月内交易，绿电用户结算电量以完整月为周期，对于当月发生过户、销户的变更用户，当月不进行绿电结算。

代理购电绿电用户结算电费＝绿电电费＋发用两侧电能电费偏差（绿电部分）＋季节性分时电费（绿电部分）＋代理购电电费＋输配电费＋系统运行费用＋上网环节线损费用。

第二节　电费结算账单

账单主要分为三大板块，包括总体情况部分、电费明细部分和电量明细部分。

总体情况部分，可以看到基本信息、电费构成、峰谷用电、交费渠道等信息。总体情况部分中的电费构成和电费明细均按照"5+1"模式。"5"是指上网电价、上网环节线损费用、输配电价、系统运行费用、政府性基金及附加，与国家政策要求一致；"1"是指目前符合政策要求并实际存在的费用，包括功率因数调整电费、目录电费、分次结算电费等无法归并入前述5项中的"其他"费用，实现与历史沿革和用户实际感知相衔接。

电费明细部分，包括上网电费、上网环节线损费用、输配电费、系统运行费用、政府性基金及附加和其他。

第六章　代理购电电费结算

电量明细部分，包括用户抄见电量、损耗电量和计费电量。相比于之前的账单，表计及电量信息显示更加直观、清晰。

相关示例见图 6-1。

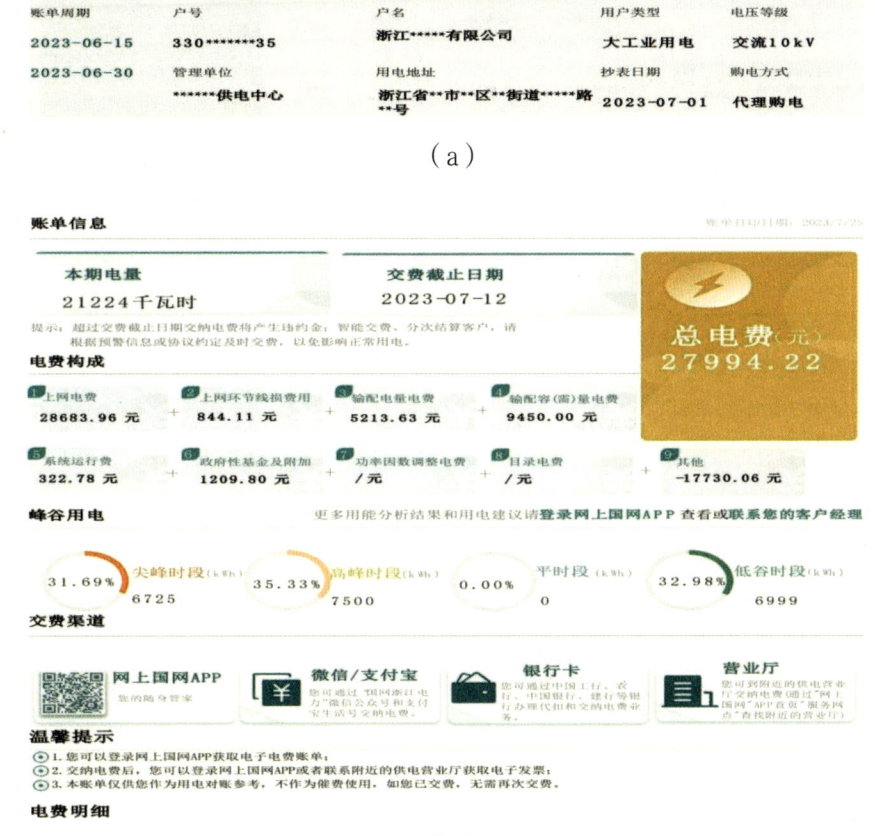

（a）

（b）

(c)

1. 上网电费				上网电费
	计费电量 kWh	电价标准 元/kWh	电费 元	28683.96
尖峰-电网代购购电电费	13263	1.064661	14120.60	
峰-电网代购购电电费	14596	0.858961	12537.39	
谷-电网代购购电电费	13519	0.149861	2025.97	

2. 上网环节线损费用				上网环节线损费用
	计费电量 kWh	电价标准 元/kWh	电费 元	844.11
上网环节线损费用	41378	0.0204	844.11	

3. 输配电量电费				输配电量电费
	计费电量 kWh	电价标准 元/kWh	电费 元	5213.63
电网代购输配电费	41378	0.126	5213.63	

4. 输配容(需)量电费	基本电费计收方式	月每千伏安用电量	计费数量 kVA(kW)	计费标准 元/kVA(kW)·月	电费 元	输配容(需)量电费
容量基本费			315	30.0	9450.00	9450.00

备注:
①月每千伏安用电量为用户所示全部计量点当月总用电量除以用户合同变压器容量;
②对于选择执行需量电价计费方式的两部制用户,当月每千伏安用电量达到260千瓦时及以上的,该月需量电价按核定标准的90%执行。

5. 系统运行费				系统运行费
	计费电量 kWh	电价标准 元/kWh	电费 元	322.78
系统运行费	41378	0.0078	322.78	

6. 政府性基金及附加				政府性基金及附加
	计费电量 kWh	电价标准 元/kWh	电费 元	1209.80
政府性基金及附加	41378	0.029238	1209.80	

7. 功率因数调整电费	力调实际值	力调标准	参与力调金额	调整系数	电费 元	功率因数调整电费

8. 目录电费				目录电费
	计费电量 kWh	电价标准 元/kWh	电费 元	

9. 其他				其他
	计费电量 kWh	电价标准 元/kWh	电费 元	-17730.06
分次结算电费	-20154	0.879589	-17730.06	

总电费(元) 27994.22

电量明细

电能表编号	电量类型	示数类型	起码	止码	倍率	抄见电量	损耗	计费电量
00010024599029	/	正向有功(总)	17633.74	18036.08	100	40234		
00010024599029	/	正向有功(总)	17835.28	17633.74	100	-20154		
00010024599029	/	正向有功(尖峰)	3941.51	4071.29	100	12978	285	13263
00010024599029	/	正向有功(尖峰)	4006.89	3941.51	100	-6538		
00010024599029	/	正向有功(峰)	8311.93	8453.97	100	14204	6360	14596
00010024599029	/	正向有功(峰)	8382.9	8311.93	100	-7097		
00010024599029	/	正向有功(谷)	5445.48	5380.28	100	-6520		
00010024599029	/	正向有功(谷)	5380.28	5510.81	100	13053	466	13519
00010024599029	/	无功(Q1象限)	4692.31	4838.14	100	14583		

(d)

图6-1 相关示例

上网电费是指市场化用户通过电力市场交易所应支付的结算电费。市场化用户共分为四类,其中代理购电用户的结算电费=每月公布的代理购电交易电价×结算电量。

发用两侧电能电费偏差,是指发用两侧实际电量与合约电量不等,且结算方式不同使得用户侧购电成本与发电侧结算电费存在偏差而给予清算的费用。代理购电用户发用两侧电能电费偏差已经包含在购电交易价格里，但如果参加绿电交易，那么绿电电量对应的发用两侧电能电费偏差还是会单列展示。

上网环节线损费用是指电能从发电厂传输到电力用户过程中产生的电能损耗或损失，按实际购电上网电价和综合线损率计算。电力市场暂不支持用户直接采购线损电量的地方，继续由电网企业代理采购线损电量，代理采购损益按月向全体工商业用户分摊或分享。上网环节线损费用随每月上网电价变化而变化。

输配电量电费是指政府核定的电网企业为用户提供将电从电厂传输至用户的输配电服务费用，输配电费＝政府价格主管部门核定的分电压等级、分单一制/两部制输配电价 × 结算电量。

输配容（需）量电费是指两部制电价用户选择按变压器容量、实际最大需量、合同最大需量三种方式之一计收。

系统运行费用包括辅助服务费用，抽水蓄能容量电费，居民、农业交叉补贴新增损益，天然气发电容量电费，代理特殊用户增收，用户执行分时损益等，具体以最新政策规则为准。系统运行费用主要随每月上网电价、不同类型用户用电量、工商业用户分时用电量等因素而变化。

政府性基金及附加是按政府核定标准执行，目前包括国家重大水利建设基金（0.403875 分/千瓦·时）、大中型水库移民扶持基金（0.62 分/千瓦·时）和可再生能源附加费用（1.9 分/千瓦·时）。

功率因数调整电费是指电力用户功率因数的高低对发、供、用电设备的充分利用、节约电能和改善电压质量有着重要影响，根据《功率因数调整电费办法》，当电力用户实际功率因数高于功率因数考核标准时，则减收电费；低于功率因数考核标准时，则增收电费。

第三节 用户结算算例

【算例一】单一制代理购电用户结算

某 1～10kV 一般工商业单一制单费率代理购电用户，在 6 月 1 日至 15 日的用电量为 4290kW·h，6 月 1 日至 30 日的用电量为 9409kW·h，无功电量为 10658kvar，6 月代理购电价格为 0.525661 元/千瓦·时，系统运行费为 0.007801 元/千瓦·时，上网环节线损费用折价为 0.0204 元/千瓦·时，10kV 单一制用户的输配电价为 0.2144 元/千瓦·时，政府性基金及附加为 0.029238 元/千瓦·时。

一、分次结算

其中输配电价和代理购电单价查 6 月代理购电电价表。

电网代购电电费：4290×0.525661=2255.09 元

电网代购输配电费：4290×0.2144=919.78 元

政府性基金及附加：4290×0.029238=125.43 元

上网环节线损费用：4290×0.0204=87.52 元

系统运行费用：4290×0.007801=33.47 元

合计该用户分次结算电费：2255.09+919.78+125.43+87.52+33.47=3421.29 元

二、终次结算

电网代购电电费：9409×0.525661=4945.94 元

电网代购输配电费：9409×0.2144=2017.29 元

上网环节线损费用：9409×0.0204=191.94 元

系统运行费用：9409×0.007801=73.4 元

政府性基金及附加：9409×0.029238=275.1 元

终次扣减分次结算代理购电电费：4945.94-2255.09=2690.85 元

终次扣减分次结算输配电费：2017.29-919.78=1097.51 元

终次扣减分次结算线损电费：191.94-87.52=104.42 元

终次扣减分次系统运行费：73.4-33.47=39.93 元

终次扣减分次政府性基金及附加：275.1-125.43=149.67 元

力调电费：

该用户参与力调电费计算的费用由全月输配电费（4945.94 元）、全月代理购电费（2017.29 元）、全月上网环节线损费用（191.94 元）组成。结合该用户的额定功率因数标准（0.9），实际功率因数 $=9409/\sqrt{10658^2+9409^2}\approx 0.66$，查表得出调整系数（0.14），得出力调电费为（4945.94+2017.29+191.94）×0.14=1001.72 元。[1]

综上所述，该用户终次结算电费为：

2690.85+149.67+1097.51+104.42+39.93+1001.72=5084.1（元）

【算例二】两部制代理购电用户结算

某 1～10kV 一般工商业两部制三费率代理购电用户，用户采用实际最大需量计算容（需）量电费，用户运行容量 160kVA，在 6 月 1 日至 15 日的总用电量为 20000kW·h，尖峰谷用电量分别为 5000、9000、6000kW·h；6 月 1 日至 30 日的用电量为 45000kW·h，尖峰谷用电量分别为 11000、20000、14000kW·h，无功电量为 5000kvar，用户本月实际最大需量为 100；6 月代理购电尖峰、峰、谷价格分别为 1.057561、0.738461、0.192361 元 / 千瓦·时，系统运行费为 0.007801 元 / 千瓦·时，上网环节线损折价为 0.0204 元 / 千瓦·时，10kV 两部制用户的输配电价为 0.126 元 / 千瓦·时，政府性基金及附加为 0.029238 元 / 千瓦·时，需量电价为 48 元 / 千瓦·月。

---

[1] 系统运行费用不参与力调计算。

一、分次结算

电网代购电电费：5000×1.057561+20000×0.738461+14000×0.192361=13088.13 元

电网代购输配电费：20000×0.126=2520 元

政府性基金及附加：20000×0.029238=584.76 元

上网环节线损费用：20000×0.0204=408 元

系统运行费用：20000×0.007801=156.02 元

合计该用户分次结算电费为：

电网代购电电费+电网代购输配电费+政府性基金及附加+上网环节线损费用+系统运行费用=13088.13+2520+584.76+408+156.02=16756.91 元

二、终次结算

电网代购电电费：11000×1.057561+9000×0.738461+6000×0.192361=29095.44 元

电网代购输配电费：45000×0.126=5670 元

上网环节线损费用：45000×0.0204=918 元

系统运行费用：45000×0.007801=351.05 元

政府性基金及附加：45000×0.029238=1315.71 元

终次扣减分次结算代理购电电费：29095.44-13088.13=16007.31 元

终次扣减分次结算输配电费：5670-2520=3150 元

终次扣减分次结算线损电费：918-408=510 元

终次扣减分次系统运行费用：351.05-156.02=195.03 元

终次扣减分次政府性基金及附加：1315.71-584.76=730.95 元

用户月每千伏安用电量：45000/160=281>260，输配容需量电价享受 9 折优惠

输配容（需）量电费=100×48×0.9=4320 元

力调电费：

该用户参与力调电费计算的费用由全月输配电费（5670 元）、全月代理

购电费（29095.44元）、全月上网环节线损费（918元）、输配容（需）量电费（4320元）组成。结合该用户的额定功率因数标准（0.9），实际功率因数 $=45000/\sqrt{45000^2+5000^2}\approx 0.99$，查表得出调整系数（-0.0075），得出力调电费为（29095.44+5670+918+4320）×（-0.0075）=-300.03元。[2]

综上所述，该用户终次结算电费为：

电网代购电电费+电网代购输配电费+政府性基金及附加+上网环节线损费用+系统运行费用+输配容（需）量电费+力调电费 =16007.31+3150+510+195.03+730.95+4320-300.03=24613.26（元）

【算例三】绿电代购用户结算

某10kV代理购电大工业用户，高供高计，合同容量为630kVA，运行容量为630kVA。2023年8月购买了绿电，绿电合约电量为420000kW·h，绿电单价为0.485元/千瓦·时。该用户2023年8月抄表示数如表6-1所示。该用户8月力调系数取-0.0075，8月发用两侧电能偏差0.0083元/千瓦·时。表6-2为国网浙江省电力有限公司代理购电工商业用户电价表，表6-3为工商业用户峰谷时段及浮动比例。

表6-1 用户8月抄表电量

电能表编号	示数类型	起码	止码	倍率	电量/kW·h
**********408	正向有功（总）	1611.21	1777.82	3000	499830
**********408	正向有功（尖峰）	325.41	368.99	3000	130740
**********408	正向有功（峰）	486.38	527.75	3000	124110
**********408	正向有功（谷）	799.41	881.07	3000	244980
**********408	无功（Q1象限）	557.58	615.07	3000	172470
**********408	无功（Q4象限）	0.64	0.64	3000	0

---

2 系统运行费用不参与力调计算。

表 6-2　国网浙江省电力有限公司代理购电工商业用户电价表

（执行时间：2023年8月1日—2023年8月31日）

用电分类	电压等级	电度用电价格（元/千瓦·时）	代理购电交易价格	上网环节线损费用	电度输配电价	系统运行费用	政府性基金及附加	尖峰时段	高峰时段	低谷时段	最大需量（元/千瓦·月）	变压器容量（元/千伏安·月）
两部制大工业用电	1~10（20）kV	0.7164	0.5036	0.0183	0.1260	0.0393	0.0292	1.2609	1.0732	0.3167	48.0	30.0
	35kV	0.6859	0.5036	0.0183	0.0955	0.0393	0.0292	1.2278	1.0352	0.2887	44.8	28.0
	110kV	0.6695	0.5036	0.0183	0.0791	0.0393	0.0292	1.2052	1.0176	0.2679	41.6	26.0
	220kV及以上	0.6592	0.5036	0.0183	0.0688	0.0393	0.0292	1.0932	1.0089	0.2569	38.3	24.0
两部制一般工商业用电	1~10（20）kV	0.7164	0.5036	0.0183	0.1260	0.0393	0.0292	1.2538	0.9914	0.3798	48.0	28.0
	35kV	0.6859	0.5036	0.0183	0.0955	0.3993	0.0292	1.2073	0.8986	0.3567	44.8	28.0
	110kV	0.6695	0.5036	0.0183	0.0791	0.0393	0.0292	1.1784	0.8771	0.3482	41.6	26.0
	220kV及以上	0.6592	0.5036	0.0183	0.0688	0.0393	0.0292	1.1603	0.8636	0.3428	38.3	24.0
单一制一般工商业用电	不满1kV	0.8269	0.5036	0.0183	0.2452	0.0306	0.0292	1.4306	1.0668	0.4465		
	1~10（20）kV	0.8048	0.5036	0.0183	0.2144	0.0393	0.0292	1.4085	1.0463	0.4266		
	35kV及以上	0.7674	0.5036	0.0183	0.1770	0.0393	0.0292	1.3507	1.0053	0.3991		

注：①电网企业代理购电用户电价由代理购电交易价格、上网环节线损费用、输配电价、系统运行费用、政府性基金及附加组成。其中输配电价由电度输配电价、容（需）量用电价格构成，按照国家核定标准执行。基金及附加标准（分/千瓦·时）：国家重大水利建设基金 0.403875 分；大中型水库移民扶持基金 0.62 分；可再生能源附加 1.9 分。

②不满 1kV 两部制工商业用户代理购电交易价格参照不满 1kV 单一制工商业用户代理购电交易价格执行，其输配电价参照 1~10（20）kV 两部制工商业用户输配电价执行，其分时电价浮动比例参照 1~10（20）kV 两部制工商业用户分时电价浮动比例执行。

③7、8 月，大工业商峰电价在商峰电价上浮比例上再相应提高 2 分，低谷电价在低谷电价下降比例基础上再相应降低 2 分。

表 6-3　工商业用户峰谷时段及浮动比例

用电分类	电压等级	分时电价浮动比例（%）		
		尖峰电价上浮	高峰电价上浮	低谷电价下浮
大工业电用	1~10kV	76	47	53
一般工商业及其他用电	不满 1kV	73	29	46
	1~10kV	75	30	47

表 6-4　浙江电网输配电价表

用电分类		电量电价（元/千瓦·时）					容（需）量电价					
							需量电价（元/千瓦·月）			变量电价（元/千伏安·月）		
		不满1kV	1~10(20)kV	35kV	110kV	220kV及以上	1~10(20)kV	35kV	110kV	220kV及以上	1~10(20)kV	35kV	110kV	220kV及以上
工商业用电	单一制	0.2452	0.2144	0.1770									
	两部制		0.1260	0.0955	0.0791	0.0688	48.0	44.8	41.6	38.3	30.0	28.0	26.0	24.0

绿电电量尖 =420000×130740/499830=109859kW·h

绿电电量谷 =420000×244980/499830=205853kW·h

绿电电量峰 =420000-109859-205853=104288kW·h

代理购电电量尖 =130740-109859=20881kW·h

代理购电电量峰 =124110-104288=19822kW·h

代理购电电量谷 =244980-205853=39127kW·h

绿电结算电价 =0.485+0.0183+0.126+0.029238=0.658538 元/千瓦·时

绿电电价尖 =0.658538×（1+76%）-0.0183-0.126-0.029238=0.98548888 元/千瓦·时

绿电电价峰 =0.658538×（1+47%）-0.0183-0.126-0.029238=0.79451286 元/千瓦·时

绿电电价谷 =0.658538×（1-53%）-0.0183-0.126-0.029238=0.13597486 元/千瓦·时

代理购电尖电费 =20881×（1.2609-0.0183-0.126-0.029238-0.0393）=21884.58 元

代理购电峰电费 =19822×（1.0732-0.0183-0.126-0.029238-0.0393）=17054.10 元

代理购电谷电费 =39127×（0.3167-0.0183-0.126-0.029238-0.0393）=4063.81 元

绿电尖电费 =109859×0.98548888=108264.82 元

绿电峰电费 =104288×0.79451286=82858.16 元

绿电谷电费 =205853×0.13597486=27990.83 元

输配电费（尖）=130740×0.126=16473.24 元

输配电费（峰）=124110×0.126=15637.86 元

输配电费（谷）=244980×0.126=30867.48 元

基金及附加 =499830×0.029238=14614.03 元

上网环节线损费用 =499830×0.0183=9146.89 元

系统运行费 =499830×0.0393=19643.32 元

季节性调整电费（峰）=104288×0.02=2085.76 元

季节性调整电费（谷）=205853×（-0.02）=-4117.06 元

发用两侧电能偏差 =420000×0.0083=3486 元

基本电费 =630×30=18900 元

力调电费 =-0.0075×（21884.58+17054.10+4063.81+ 108264.82+82858.16+27990.83+16473.24+15637.86+30867.48+ 9146.89+2085.76-4117.06+3486+18900）=-2659.47 元

合计 =21884.58+17054.10+4063.81+108264.82+ 82858.16+27990.83+16473.24+15637.86+30867.48+ 14614.03+9146.89+19643.32+2085.76-4117.06+3486+18900-2659.47=386194.35 元

第四节　电费退补

根据相关政策规定，代理购电用户退补应按照以下规则开展。

①符合退补情况的电量电费退补，应按照相关规定，提出退补电量电费的依据和退补方案。

②因计量装置故障、烧毁、停走、空走、快走、电能表失压、不停电调表、电能表接线错误等引起的电量电费退补，应根据计量检定结论，确定电量电费退补方案，涉及计量差错的退补流程应另附采集系统截图、现场表计照片等相关佐证材料。由于计量差错引起的绿电用户的历月电量退补，按用户中长期电价进行电费退补计算。

③退补审批单要求提供经办人、班组审核人、复核人的签字及班组盖章，并根据退补电费完成领导逐级审批签字后作为退补附件上传。退补审批单应清楚写明退补电量及对应的执行电价、差错年月、退补基本电费（若有）、差错前后力调系数、原参与调整的功率因数考核电费。

④电量电费退补的最终审批权限，按以下规定确定：

a. 电费退补额度在 5000 元以下，由市公司营业及电费室主任或县公司业务管理室主任负责审批；

b. 电费退补额度在 5000 元及以上、50000 元以下，由市、县营销部（农电工作部）主任负责审批；

c. 电费退补额度在 50000 元及以上，由本单位分管领导审批。

⑤电量电费退补按照权限经审批同意后，由退补申请人员在能源互联网营销服务系统中发起电量电费退补流程。电量电费退补流程应详细填写退补原因、责任人（部门）、退补理由及依据、退补起讫时间、详细计算过程等内容，正确选择退补差错类型，填写内容必须与审批单内容一致。

⑥电费核算人员依据"电量电费退补审批单"，在营销业务应用系统中对退补流程进行审核，确保审批单与系统退补信息一致。

⑦非市场化电量电费退补流程审批同意后,由电费核算人员完成退补电费发行。

⑧"电量电费退补审批单"及附件应由电费核算班集中打印、管理，按月装订归档，以备日后查验。

⑨因违约用电或窃电引起的电量电费退补，在国家政策未明确前，暂统一按违约或窃电查处当月电网企业代理购电用户电价进行计算，退补电量电费记作电网企业代理购电电量电费。

代理购电的电费退补应由地市公司客户经理对电量电费退补基本情况进行认定，形成电量电费退补的初步方案，填写"电量电费退补审批单"，报班组（部门）负责人审查同意后，发起退补流程并录入退补方案。地市公司完成电量电费退补的退补方案制定、审核、逐级进行审批并发起电量电费退补流程和发行。具体流程见图 6-2。

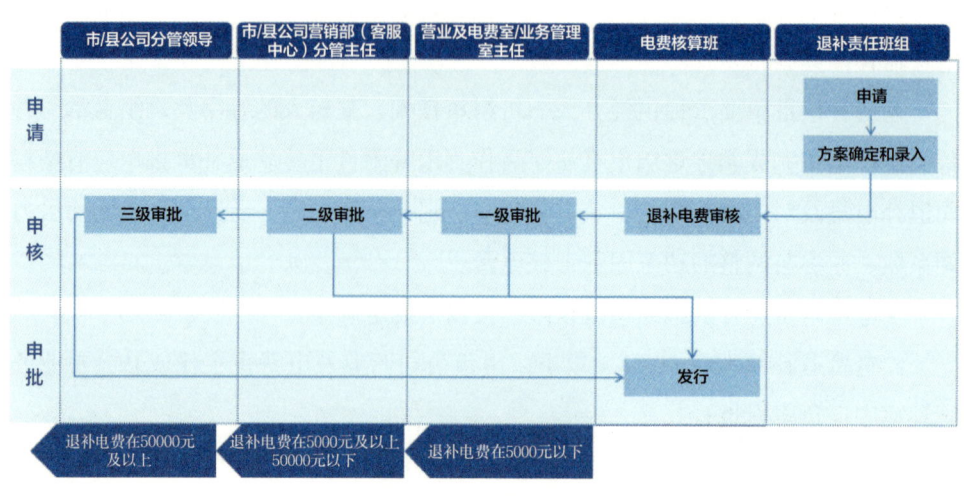

图 6-2　具体流程

【算例一】代理购电电量电费退补

某 1～10kV 单费率单一制代理购电用户，2023 年 6 月新装，执行电价"居民生活（城镇合表），1～10kV 及以上，单费率，单一制 (1kV 至 10kV)(0.538)"，执行居民合表电价 0.538 元 / 千瓦·时。2023 年 7 月现场核实发现实际该用户应执行一般工商业电价，当月调整为"一般工商业，1～10kV，单费率，单一制 (1kV 至 10kV)"，退补电价差错相应电费。6 月代理购电价格 0.5257元 / 千瓦·时，1～10kV 单一制输配电价为 0.2436 元 / 千瓦·时，上网环节线损费用 0.0204 元 / 千瓦·时，系统运行费 0.0078 元 / 千瓦·时，用户 6 月总用电量 1403 千瓦·时，用户 6 月功率因数调整系数 -0.011。

2023 年 6 月份退补电费：

补 2023 年 6 月正确电网代购电价电费：1403×0.5257=737.5 元

补 2023 年 6 月正确输配电价电费：1403×0.2436=341.83 元

补 2023 年 6 月正确上网环节线损电费：1403×0.0204=28.62 元

补 2023 年 6 月正确系统运行电费：1403×0.0078=10.94 元

合计补正确电度电费：737.5+341.83+28.62+10.94=1118.89 元

退 2023 年 6 月错误电度电价电费：−1403×0.538=−754.82 元

退补基本电费：无

退补力调电费：1118.89×（−0.011）=−12.31 元

共计应退补 2023 年 6 月份电费：1118.89−754.82−12.31=351.76 元。

【算例二】代理购电绿电电量电费退补

某绿电代理购电用户由于在传递绿电量费合同信息时出现传输错误，导致该用户 2023 年 9 月绿电合同电量错误，故应对 2023 年 9 月绿电交易电量根据差价进行退补。该用户 9 月份总结算电量 10974694 千瓦·时，尖峰电量 921606 千瓦·时，高峰电量 4611557 千瓦·时，低谷电量 5441531 千瓦·时。用户 9 月份已经结算中长期尖峰电量 898093 千瓦·时，高峰电量 4493901 千瓦·时，低谷电量 5302700 千瓦·时。用户 9 月份已结算绿电电量：尖峰为 23513 千瓦·时，高峰为 117656 千瓦·时，低谷为 138831 千瓦·时。9 月交易电价：尖峰为 1.104262 元/千瓦·时，高峰为 0.761462 元/千瓦·时，低谷为 0.159862 元/千瓦·时。9 月绿电结算价格尖峰为 1.04814248 元/千瓦·时，高峰为 0.72261338 元/千瓦·时，低谷为 0.15112896 元/千瓦·时。用户 9 月已结算的力调系数为 −0.0075。9 月用户正确绿电合约电量为 9565000 千瓦·时。

9 月退补电量计算如下。

9 月份实际应结算绿电电量：

尖峰 =9565000×（921606/10974694）=803226 千瓦·时

低谷 =9565000×（5441531/10974694）=4742569 千瓦·时

高峰 =9565000−803226−4742569=4019205 千瓦·时

9 月份实际应结算中长期电量：

尖峰 =921606−803226=118380 千瓦·时

高峰 =4611557−4019205=592352 千瓦·时

低谷 =5441531−4742569=698962 千瓦·时

应退补中长期电量：

尖峰：118380-898093=（-779713）千瓦·时

高峰：592352-4493901=（-3901549）千瓦·时

低谷：698962-5302700=（-4603738）千瓦·时

应退补绿电电量：

尖峰：803226-23513=779713 千瓦·时

高峰：4019205-117656=3901549 千瓦·时

低谷：4742569-138831=4603738 千瓦·时

应退补中长期电费：

尖峰：-779713×1.104262=（-861007.44）元

高峰：-3901549×0.761462=（-2970881.3）元

低谷：-4603738×0.159862=（-735962.76）元

合计：-4567851.5 元

应退补绿电电费：

尖峰：779713×1.04814248=817250.32 元

高峰：3901549×0.72261338=2819311.51 元

低谷：4603738×0.15112896=695758.14 元

合计：4332319.97 元

应退补总市场化电费：-4567851.5+4332319.97=-235531.53 元

力调系数：-0.0075

应退补力调电费：-235531.53×（-0.0075）=1766.49 元

应退补总电费：-235531.53+1766.49=-233765.04 元

故 9 月合计绿电结算电量 9565000 千瓦·时，合计应退补用户绿电交易差价-233765.04 元。

第七章

代理购电信息公开

本章介绍电网企业代理购电业务的市场信息披露内容、职责分工和披露渠道，便于工作人员掌握代理购电市场信息查询方式、信息披露流程、信息披露范围，可以更准确、规范地解答用户咨询。

第七章　代理购电信息公开

第一节　信息公开内容

一、政策文件要求

2021年10月，国家发展改革委印发1439号文，提出推动工商业用户都进入市场，暂未直接从电力市场购电的用户由电网企业代理购电。

国家发展改革委办公厅紧接着发布了809号文，指导各地切实组织开展好电网企业代理购电工作，建立电网企业代理购电机制，加强代理购电信息公开。

2022年5月，国网营销部印发《国家电网有限公司代理购电信息发布工作指南（试行）》，进一步加强代理购电信息发布全过程管理，规范信息发布程序，增强信息公开透明度。

2022年12月，浙江省发展改革委、浙江能源监管办、省能源局印发《浙江省电力中长期交易规则（2022年修订版）》《2023年浙江省电力市场化交易方案》等文件，提出市场成员应当遵循及时、真实、准确、完整的原则，披露电力市场信息，同时对电网企业代理购电信息公开提出具体要求，确保信息公开透明。

2023年3月，国家能源局浙江监管办公室印发《浙江电力市场信息披露实施细则（暂行）》的通知，规范了浙江电力市场信息披露工作，加强信息披露监管，维护市场主体合法权益，对电网企业代理购电信息公开也提出相应要求。

综合上述政策文件，电网企业应及时公开代理购电相关信息，每月最后3日前主动公示代理用户分月总电量预测、相关预测数据与实际数据偏差、采购电量电价结构及水平、市场化机组剩余容量相关情况、代理购电用户电价水平及构成、代理购电用户电量和电价执行情况等信息。

二、职责分工

1. 省公司职责

一是负责本单位代理购电信息发布归口管理；负责提供代理购电工商业用户，市场化工商业用户，居民、农业用户预测电量及典型负荷曲线等数据；负责组织开展代理购电公告、代理购电价格等信息发布工作，负责本单位代理购电信息公开及时性、规范性考核评价。

二是负责提供代理购电信息发布的跨省跨区购入电量、省内尚未放开的优先发电机组电量等数据。

三是负责形成并提供次月代理购电预测价格，归集测算上月代理购电工商业用户，市场化工商业用户，居民、农业用户实际购电价格执行情况等信息；负责履行代理购电预测价格政府审批备案程序。

四是负责按职能提供次月全网典型负荷曲线有关信息。辅助服务费用向用户侧疏导的地区，负责按职能提供辅助服务有关信息。

五是负责具体开展代理购电公告、代理购电价格等相关信息线上渠道的发布工作，负责监督本单位所属供电营业厅代理购电信息发布的及时性、规范性。

2. 地市（县）公司所属单位职责

负责具体开展代理购电公告、代理购电价格等相关信息在属地供电营业厅线下渠道的发布工作。

3. 省级电力交易机构

负责定期与营销部门、财务部门交互月度集中竞价交易加权平均价，代理购电用户、市场化用户、代理购电市场化交易相关价格、无正当理由退市用户等信息；按规定做好电力市场信息披露工作。

4. 国网客户服务中心职责

负责建立健全代理购电信息咨询机制，建立以95598供电服务热线、"网上国网"APP、95598智能互动网站为主的代理购电信息咨询窗口；负责建立健全与省公司的信息发布协同工作机制，负责"网上国网"APP、95598智能互动网站代理购电发布专区建设，每月收集各单位代理购电信息线上发布情况；负责代理购电95598知识库专区建设，及时采编、更新各省公司信息公开内容；协助总部营销部对各省公司供电企业代理购电信息发布工作质量进行监督、检查，并进行评价。

三、公开内容

根据《浙江电力市场信息披露实施细则（暂行）》，浙江电力市场信息分为公众信息、公开信息、私有信息和依申请披露信息四类。其中公众信息是指向社会公众披露的信息，公开信息是指向所有市场成员披露的信息，私有信息是指向特定的市场主体披露的信息，依申请披露信息是指仅在履行申请、审核程序后向申请人披露的信息。电网企业应当按照国家法规及浙江能源监管办相关文件要求披露代理购电相关预测及代理购电用户电量和电价执行情况等公众信息。

《国家电网有限公司代理购电信息发布工作指南（试行）》严格按照国家和省级政府主管部门政策文件要求指导电网企业代理购电信息发布，下面介绍代理购电价格表、代理购电工商业用户电价表、1.5倍代理购电价格用户的电价表等内容。

1. 代理购电价格表

代理购电价格表主要包含代理购电采购电量电价结构及水平（包括未直接参与市场形成交易价格的上网电量和直接参与市场形成交易价格的上网电量）、代理购电用户电价水平及构成等，详见表7-1。

表7-1 国网浙江省电力有限公司代理购电价格表

（执行时间：2023年7月1日—2023年7月31日）

名称	序号	明细	计算关系	数值
电量 （亿千瓦·时）	1	工商业代理购电量	1=2+3	105.1
	2	未直接参与市场形成交易价格的上网电量	2	105.1
	3	直接参与市场形成交易价格的上网电量	3	0

续表

名称	序号	明细	计算关系	数值
电价 （元/千瓦·时）	\multicolumn{4}{l	}{1-10（20）kV 及以上工商业用户}
	4	代理购电交易价格	4	0.5016
	5	上网环节线损费用	5	0.0206
	6	系统运行费用	6	0.0375
	\multicolumn{4}{l	}{不满 1kV 工商业用户}
	7	代理购电交易价格	7	0.5006
	8	上网环节线损费用	8	0.0206
	9	系统运行费用	9	0.0281

2. 代理购电工商业用户电价表

代理购电工商业用户电价表主要包含用电分类、电压等级、电度用电价格、代理购电交易价格、上网环节线损费用、电度输配电价、系统运行费用、政府性基金及附加、分时电度电价、容（需）量用电价格等，详见表7-2。

表7-2　国网浙江省电力有限公司代理购电工商业用户电价表

（执行时间：2023年7月1日—2023年7月31日）

用电分类	电压等级	电度用电价格（元/千瓦·时）	代理购电交易价格	上网环节线损费用	电度输配电价	系统运行费用	政府性基金及附加	尖峰时段	高峰时段	低谷时段	最大需量（元/千伏·月）	变压器容量（元/千伏安·月）
两部制	大工业用电	1~10(20)kV	0.7149	0.5016	0.0206	0.1260	0.0375	0.0292	1.2583	1.0710	0.3160	48.0	30.0
		35kV	0.6844	0.5016	0.0206	0.0955	0.0375	0.0292	1.2251	1.0330	0.2880	44.8	28.0
		110kV	0.6680	0.5016	0.0206	0.0791	0.0375	0.0292	1.2025	1.0154	0.2673	41.6	26.0
		220kV及以上	0.6577	0.5016	0.0206	0.0688	0.0375	0.0292	1.1905	1.0066	0.2563	38.3	24.0

续表

用电分类		电压等级	电度用电价格（元/千瓦·时）	其中					分时电度用电价格（元/千瓦·时）			容（需）量用电价格	
				代理购电交易价格	上网环节线损费用	电度输配电价	系统运行费用	政府性基金及附加	尖峰时段	高峰时段	低谷时段	最大需量（元/千伏·月）	变压器容量（元/千伏安·月）
两部制	一般工商业用电	1~10(20)kV	0.7149	0.5016	0.0206	0.1260	0.0375	0.0292	1.2511	0.9294	0.3789	48.0	30.0
		35kV	0.6844	0.5016	0.0206	0.0955	0.0375	0.0292	1.2046	0.8966	0.3559	44.8	28.0
		110kV	0.6680	0.5016	0.0206	0.0791	0.0375	0.0292	1.1757	0.8751	0.3474	41.6	26.0
		220kV及以上	0.6577	0.5016	0.0206	0.0688	0.0375	0.0292	1.1576	0.8616	0.3420	38.3	24.0
单一制	一般工商业用电	不满1kV	0.8237	0.5006	0.0206	0.2452	0.0281	0.0292	1.4251	1.0626	0.4448		
		1~10(20)kV	0.8033	0.5016	0.0206	0.2144	0.0375	0.0292	1.4058	1.0443	0.4258		
		35kV及以上	0.7659	0.5016	0.0206	0.1770	0.0375	0.0292	1.3481	1.0034	0.3983		

注：①电网企业代理购电用户电价由代理购电交易价格、上网环节线损费用、输配电价、系统运行费用、政府性基金及附加等组成。其中输电价由电度输配电价、容（需）量用电价格构成，按照国家核定标准执行。基金及附加标准（分/千瓦·时）：国家重大水利建设基金0.403875分；大中型水库移民扶持基金0.62分；可再生能源附加1.9分。
②不满1kV两部制工商业用户代理购电交易价格参照不满1kV单一制工商业用户代理购电交易价格执行，其输配电价参照1~10(20)kV两部制工商业用户输配电价执行，其分时电价浮动比例参照1~10(20)kV两部制工商业用户分时电价浮动比例执行。
③7、8月，大工业高峰电价在高峰电价上浮比例上再相应提高2分，低谷电价在低谷电价下降比例基础上再相应降低2分。

3.1.5 倍代理购电价格用户的电价表

1.5倍代理购电价格用户的电价表详细公示了1.5倍代理购电价格用户的电价组成，其上网环节线损费用、电度输配电价、系统运行费用、政府性基金及附加、容（需）量用电价格与代理购电工商业用户的电价一致，代理购电交易价格是正常价格的1.5倍，从而影响电度用电价格和分时电度用电价格，详见表7-3。

表7-3 国网浙江省电力有限公司执行1.5倍代理购电价格表

（执行时间：2023年7月1日-2023年7月31日）

用电分类		电压等级	电度用电价格（元/千瓦·时）	其中					分时电度用电价格（元/千瓦·时）			容（需）量用电价格	
				代理购电交易价格	上网环节线损费用	电度输配电价	系统运行费用	政府性基金及附加	尖峰时段	高峰时段	低谷时段	最大需量（元/千瓦·月）	变压器容量（元/千伏安·月）
两部制	大工业用电	1~10（20）kV	0.9657	0.7524	0.0206	0.1260	0.0375	0.0292	1.6997	1.4396	0.4339	48.0	30.0
		35kV	0.9352	0.7524	0.0206	0.0955	0.0375	0.0292	1.6741	1.4042	0.4009	44.8	28.0
		110kV	0.9188	0.7524	0.0206	0.0791	0.0375	0.0292	1.6539	1.3891	0.3751	41.6	26.0
		220kV及以上	0.9085	0.7524	0.0206	0.0688	0.0375	0.0292	1.6445	1.3828	0.3616	38.3	24.0
	一般工商业用电	1~10（20）kV	0.9657	0.7524	0.0206	0.1260	0.0375	0.0292	1.6900	1.2555	0.5118	48.0	30.0
		35kV	0.9352	0.7524	0.0206	0.0955	0.0375	0.0292	1.6460	1.2252	0.4863	44.8	28.0
		110kV	0.9188	0.7524	0.0206	0.0791	0.0375	0.0292	1.6172	1.2037	0.4778	41.6	26.0
		220kV及以上	0.9085	0.7524	0.0206	0.0688	0.0375	0.0292	1.5990	1.1902	0.4724	38.3	24.0
单一制	一般工商业用电	不满1kV	1.0740	0.7509	0.0206	0.2452	0.0281	0.0292	1.8581	1.3855	0.5800		
		1~10（20）kV	1.0541	0.7524	0.0206	0.2144	0.0375	0.0292	1.8447	1.3704	0.5587		
		35kV及以上	1.0167	0.7524	0.0206	0.1770	0.0375	0.0292	1.7895	1.3319	0.5287		

注：已直接参与市场交易改由电网企业代理购电的用户，拥有燃煤发电自备电厂由电网企业代理购电的用户，由电网企业代理购电的高耗能用户，用电价格由电网企业代理购电交易价格的1.5倍、上网环节线损费用、输配电价、系统运行费用、政府性基金及附加组成。

第二节　信息公开流程

根据《国家电网有限公司代理购电信息发布工作指南（试行）》，在对外提供或发布信息前应依照法律法规和公司有关规定对拟发布的信息进行保密审查，严禁超职责范围获取、泄露或提前发布有关信息，严禁泄露市场主体的商业秘密或企业相关人员个人隐私等保密信息。发布代理购电公开信息应遵循规范的流程，主要包括数据收集、价格测算、信息审查、代理购电价格审批备案、代理购电价格公告发布、代理购电价格发布结果监测等环节，确保信息发布准确、规范、无误。

一、数据收集

省公司营销部、发展部、调控中心及省级电力交易机构等协同于每个月最后7日前，将收集并确认后的代理购电工商业用户，市场化工商业用户，居民、农业用户售电量及线损电量数据，省间与省内、中长期分时段电量，市场化采购电量数据，分电源类型、购电来源等购电量数据，代理用户和市场化用户年度和月度交易（含月度集中竞价交易加权平均价）价格数据，辅助服务费用结算数据等提供至财务部，夯实价格测算、合规监管等业务基础。

二、价格测算

省公司财务部根据发展部、营销部、调控中心及省级电力交易机构等提供的基础数据，结合交易代理购电偏差费用，为保障居民、农业用电价格稳定产生的新增损益等信息，于每个月最后6日前测算形成次月代理购电价格。

三、信息审查

省公司发展部、财务部、营销部、省级电力交易机构协同于每个月最后 5 日前完成代理购电信息审查，核准代理购电测算数据，对拟发布的信息进行准确性核查，包括代理购电价格、分时电价、偏差费用、新增损益等，对拟对外公开的信息进行保密审查。

四、代理购电价格审批备案

省公司财务部根据测算形成的代理购电价格，以及政府主管部门明确的代理购电信息公开内容，按月编制次月代理工商业用户电价表，并于每个月最后 4 日前完成内部会签、审批流程，并于每个月最后 3 日前完成省级政府主管部门审批备案程序。

五、代理购电价格公告发布

省公司营销部根据财务部提供的次月代理购电工商业用户电价表，于每个月最后 3 日前组织省营销服务中心和地市、县公司通过"网上国网"、供电营业厅等线上线下服务渠道进行发布。

六、代理购电价格发布结果监测

国网客户服务中心每月监测各省公司代理购电信息线上、线下渠道发布情况，并形成报告按月上报总部营销部。总部营销部将按月对各省公司代理购电信息发布的及时性、准确性进行通报，结果纳入指标评价考核。

第三节　信息公开渠道

代理购电信息发布渠道主要包括"网上国网"APP、95598智能互动网站、供电营业厅和其他渠道（如省公司门户网站、微信公众号）等，如图7-1和表7-4所示。

图7-1　省公司门户网站

表7-4　信息公开渠道及要求

信息公开渠道	披露渠道工作要求
"网上国网"APP	省公司营销部组织通过运营管理平台完成"网上国网"APP代理购电价格线上发布，发布完成后报备国网客服中心
95598智能互动网站	省公司营销部组织完成"网上国网"APP代理购电价格线上发布时同步至95598智能互动网站
供电营业厅	营业厅投发代理购电公开信息，包括电子宣传和纸质宣传两种形式
其他渠道	结合发布需要及用户诉求，可通过省公司微信公众号等线上服务渠道发布代理购电价格，省公司在企业门户网站信息公开专栏也同步发布代理购电价格

第四节　信息安全与保密

代理购电信息发布应严格遵守法律法规、政府文件和公司规定，严禁超职责范围获取、泄露或提前发布有关信息，严禁泄露市场主体的商业秘密或企业相关人员个人隐私等保密信息。

一、数据安全管理要求

《国家电网公司关于进一步加强数据安全工作的通知》对数据安全管理提出了具体要求，主要包括以下几个方面。

一是按照"谁主管谁负责，谁运行谁负责，谁使用谁负责，管业务必须管安全"的总体原则，明确职责分工，负责职责范围内数据安全保护工作，落实数据安全保护要求。

二是公司各级业务部门做好重要数据相关业务系统开通、数据采集、使用和发布环节的安全审核。

三是做好数据重要性识别，严格公司商业秘密数据和重要数据的安全备案和审批，实行总部、省级单位两级审批。

四是落实数据安全技术保护与信息系统同步规划、同步建设、同步使用的"三同步"原则，加强数据安全技术审查、检测、监测审计和应急处置，强化数据全生命周期的技术保护。

二、市场化购电数据管理

市场化购电数据是指公司在参与市场化购电各项活动中产生的和从外部获取

的数字化成果，表现为数字、文本、图形、图像、声音或视频等形式。市场化购电数据安全问题主要包括数据被破坏、非法访问、复制、使用、数据泄露等情况。

一是规范从业人员保密管理工作。市场化购电交易相关工作人员应由签署正式劳务聘用合同的专职购电人员担任且至少由两人共同开展，履行相互监督责任；建立值班台账，实行动态更新。

二是规范场地管理。市场化购电交易室是开展中长期交易、省间电力现货市场交易的独立购电场所，配置专用的内外网电脑、录音电话、文件粉碎机等办公设备，且办公设备必须专机专用、专人管理，符合信息安全和保密要求。市场化购电交易室应设置门禁及24小时监控设备，未经批准无关人员不得进入。

三是做好设备配置。按照"应配必配、应换必换，专机专人"的原则，开展涉密设备采购，并实行涉密设备统一标识、严格登记、集中管理，落实安全登录、身份鉴别等安全防护措施。

四是做好技术支持。市场化购电交易相关的技术支持系统、涉密资料存储设备、涉密资料存放库房等均应按照重点保密场所开展保密工作。市场化购电交易相关技术支持系统应设置在交易室，严格执行一般和重要账号要求管理账号权限，专人专用。定期修改相关技术系统登录口令，重要系统口令每三个月更换一次。

五是做好日常监督检查。定期开展保密工作自查：每半年开展落实保密责任制、保密规章制度等情况的专题检查，每年至少开展一次保密全面检查。内容包括但不限于：是否严格执行《国家电网有限公司代理购电信息发布工作指南（试行）》等管理规定；是否熟悉本岗位涉密的事项及代理购电相关秘密管理工作的要点；是否熟悉并掌握保密知识和保密技能。对检查中发现的问题，要限时整改落实，确保不发生泄密事件。

对违反规定给公司造成损失的，按公司保密管理和员工奖惩等有关规定或劳动合同和保密协议约定的条款进行处罚；故意泄露信息情节较重或者给公司造成较大损失的，应当依法追究相关法律责任。

三、代理购电信息管理

代理购电信息发布应严格遵循规范的流程，根据《国家电网有限公司代理购电信息发布工作指南（试行）》《浙江省电力中长期交易规则（2022年修订版）》《浙江电力市场信息披露实施细则（暂行）》等文件要求，确定代理购电信息发布范围、时间、内容，严禁超职责范围获取、泄露或提前发布有关信息，严禁泄露市场主体的商业秘密或企业相关人员个人隐私等保密信息。

一是严格按照代理购电信息发布流程要求的6个环节开展信息发布工作，逐一做好数据收集、价格测算、信息审查、审批备案、公告发布和结果监测；二是做好数据在不同部门审核流转过程中的数据保密工作，严禁将未完成审批备案的信息提前发布或发布不准确的信息；三是做好账号权限管理，落实数据使用方的安全主体责任，明确数据使用权限和范围，依法依规处理和存储重要数据，杜绝共享账号和默认账号，防范数据违规使用；四是加强发布信息审查，严格对外发布和传播数据安全审查，落实信息内容合规性审核，发现违法违规信息应立即停止传输和发布，采取消除等处置措施，防止信息扩散，并保存有关记录。

四、具体措施

（一）重要数据识别

公司重要数据包括用户敏感数据、大数据信息和其他一旦泄露会对国家安全、经济发展、社会公共利益及公司业务造成不良影响的数据。结合代理购电信息发布环节，认真分析梳理过程中重要数据，明确保护对象，建立数据资源目录（包括数据内容、重要类别、使用对象、使用权限、时间期限、数据范围等），同时考虑和识别海量大数据在挖掘、计算、分析后的重要性和保护要求。

（二）数据安全审批

严格公司商业秘密数据和重要数据的安全备案和审批，实行总部、省级单位两级审批。严格对待发布的代理购电信息进行安全审查，由相关业务部门、分管领导审批，保密办审核、备案。

（三）数据技术保护

加强数据安全技术保护。在数据采集环节，明确可采集数据内容及重要程度，明确数据安全保护对象，落实重要数据内容加密传输以及数据完整性、有效性检测措施，强化数据质量、数据分类和重要性定级机制。在数据存储环节，明确重要数据的安全存储与使用级别，对重要数据进行必要强度的加密存储，强化重要数据备份措施。在数据使用环节，落实公司业务授权及账号权限管理要求，合理分配数据访问权限，强化数据访问控制；排查整改业务逻辑缺陷和漏洞，防止失泄密事件；加快数据脱敏等用户敏感数据保护措施建设；健全数据安全日志审计、监测预警、态势感知机制。

（四）信息发布监测

加强对已发布信息的监测，确保信息发布及时、准确，发现违法违规信息应立即停止传输和发布，采取消除等处置措施，防止信息扩散，并保存有关记录。

第八章

代理购电风险防范

国网浙江省电力有限公司严格按照国家、地方政策要求和公司管理规定，规范代理购电业务实施流程，遵守市场交易规则，公开、公平、公正参与市场交易，做好代理购电电价执行、电费结算等工作，规范和促进代理购电工作依法合规开展，防范合规法律风险。

第一节　风险点

一、代理购电公布及发布

相关风险点如下。

①未按照《电力企业信息披露规定》第三条的规定遵循真实、及时、透明原则发布代理购电公告。

②公告内容不够严谨，可能会造成对政策进行扩大解释、错误解读，造成公众对公告内容产生理解歧义。

③公告发布前未遵循信息发布管理规定，未正确履行审批流程，未按规定报省政府主管部门备案。

④未按照规定时间及时发布公告。

二、代理购电关系的建立、变更和解除

相关风险点如下。
①未与用户协商一致，利用强制手段与用户签订代理购电合同。
②帮助用户申报虚假用户类别与信息，例如采用农排或居民用电价格。
③未依法依约终止购售电合同。
④客户信息泄露风险。

三、参与市场交易

相关风险点如下。
①帮助市场化用户通过过户、更名、改类等手段，规避市场化交易，转变为

普通代理购电用户，无须执行 1.5 倍代理购电价格。

②帮助用户申报虚假用户类别与信息，例如修改燃煤发电自备电厂、高耗能用户类别，规避 1.5 倍代理购电价格。

③未按时限要求公布代理购电价格。

④各线上线下渠道价格测算公示内容因面向对象不同产生略微差别，产生因数据冲突发生的争议。

四、电费结算与缴纳

相关风险点如下。

①若用户未如期、足额交纳电费，采用威胁、强停等方式违规实施停电工作。

②若用户对电费、电价、电量等有异议，置之不理或未调查核实就解释导致舆情风险。

第二节　防范措施

一、信息公开合规

1. 采取有效方式确保公众知情权

依法合规明确代理购电信息公开范围、信息公开内容、流程及方式，并按时向省级主管部门报备。要将主动公开的信息，通过供电营业厅、"网上国网"APP 等线上线下渠道向代理购电用户提供信息公开服务。同时，通过电力市场信息披露平台披露相关公开信息。

2. 依法合规受理信息公开申请

电网企业代理购电用户申请信息公开，可要求申请人提供申请人的姓名或者名称、身份证明、联系方式；申请公开的相关信息的名称、文号或者便于查询的其他特征性描述；申请公开信息的用途；获取信息的方式、途径。

接收申请人的信息公开申请材料后，应履行内部合规审查审核程序，重点审核信息是否宜公开、内容是否真实准确，研究确定公开形式和渠道，评估公开后社会舆情风险。属于公开范围的，应当告知申请人获取该信息的方式和途径；属于不予公开范围的，应当告知申请人并说明理由；难以确定是否公开的，应当及时向公司有关部门以及行政主管部门请示并答复申请人。

3. 加强敏感信息识别

严格遵守《中华人民共和国个人信息保护法》《中华人民共和国网络安全法》《中华人民共和国数据安全法》等法律法规，《供电企业信息公开实施办法》有关规定和《国家电网有限公司信息公开管理办法》等公司制度，严格审查拟公开的信息或数据范围是否涉及国家秘密、重要数据、核心数据、商业秘密、个人隐私等不得公开或者在满足特定条件时才能公开的内容，有针对性地制定信息处理措施。建立健全代理购电信息保密管理制度，定期开展保密培训，明确保密责任，确保公司代理购电业务相关数据在收集、传输、存储、处理、使用和销毁各环节的安全与合规，严禁违规获取、泄露或提前发布代理购电业务所涉信息。

4. 建立健全信息公开配套保障机制

严格落实电网企业代理购电信息公开要求，明确信息公开的内容、流程和方式，形成常态化工作机制，研究制定具体措施，明确分工，压实责任。根据工作需要，组织开展信息公开成效评估，确保各项任务落到实处。完善信息公开文件存档机制，对于信息公开指南、目录、申请、决定等重要文件予以留存建档，并且定期检查文件存档和工作落实情况。建立用户意见反馈机制，畅通用户反馈渠道，做好用户解释工作，合理引导用户理解并遵守国家政策，积极向政府有关部门反映用户的合理诉求，供政府调整相关政策参考。

二、代理购电关系的建立、变更和解除

1. 尊重用户的自主选择权

应严格依据国家及省发展改革委要求提供代理购电服务，积极维护代理购电

市场主体的合法权益,避免利用市场影响力实施可能导致限制或消除市场竞争的行为,或实施可能有损代理购电用户、发电市场主体及其他第三方利益的行为。

①对于代理购电的工商业用户,若其后续具备了参与市场交易条件,同时也有意愿直接参与电力市场交易,应当积极予以配合。

②对于转为直接参与电力市场交易的用户,在配合办理购电方式转换的过程中,不得收取不合理费用,不得设置其他不合理障碍从而阻碍用户转变购电方式。

③不得通过各种形式,强制或变相强制工商业用户通过电网企业代理购电。

④对于选择由电网企业代理购电的工商业用户,应当严格遵循国家发展改革委关于代理购电的规定要求,无正当理由不得加重用户责任。

2. 依法分类建立代理购电关系

在双方协商一致的基础上,与用户签订代理购电相关合同。签订合同前,要求用户自主申报用户类别并承诺如自主申报信息不真实准确,相关法律后果由用户自行承担。用户类别包括:①暂未直接参与市场交易的用户;②已直接参与市场交易(不含已在电力交易平台注册但未曾参与电力市场交易,仍按目录销售电价执行的用户)在无正当理由情况下改由电网企业代理购电的用户;③拥有燃煤发电自备电厂、由电网企业代理购电的用户;④暂不能直接参与市场交易的高耗能用户。按照政策规定,后三类用户执行特别电价,用电价格为电网企业代理购电价格的1.5倍。

(1)业扩新装工商业用户

在新装用户申请用电时,主动告知直接参与市场交易、代理购电等相关政策,保障用户自主选择是否由电网企业代理购电的权利。选择电网企业代理购电的,与用户签订新版供用电合同和购售电合同,并在合同条款中明确代理购电规则,特别是用户有权在代理购电期间选择直接参与市场交易,代理购电关系相应终止。在开展新装业务过程中,要向用户说明供用电合同与购售电合同的区别,明确与用户的购售电合同是根据国家政策规定,为暂未直接参与市场交易的用户由电网企业代理购电所签订的合同,代理购电是电网企业提供的一项免费服务。涉及价格、电量、电费结算及缴纳等主要条款要提醒用户注意,并加以详细说明。

(2)执行特别电价的工商业用户

与执行特别电价的用户签订购售电合同前,要求用户自主申报用户类别并承诺如自主申报信息不真实准确，相关法律后果由用户自行承担。告知用户此类情况下的用电价格由电网企业代理购电价格的1.5倍、输配电价、政府性基金及附加组成。

3. 合同签订

如用户对签订购售电合同有疑问，应对合同的相关内容予以说明，合理引导用户理解并遵守国家政策，尊重用户知情权。电价形成机制须依法执行国家政策，电网企业和用户均无权商议变通。电网企业相关工作是公司依照政府政策规定，按照政府颁布的工作细则实施。用户享有直接向发电企业或售电公司购电的自主选择权，电网企业尊重用户自主选择权。此外，如采用电子合同形式订立购售电合同，应遵守《中华人民共和国民法典》《中华人民共和国电子签名法》等法律法规的规定，确保电子合同合法有效。

4. 妥善处理代理购电关系终止后续事宜

对于因用户解散、破产、合并、注销等代理购电关系终止的情形，应当采取申报破产债权、参与清算结算、向继受主体主张债权等方式，依法合规处理用电主体资格注销相关事宜，结算和清理代理购电关系存续期间的债权债务。

三、参与市场交易

1. 严格执行市场规则

应严格遵守统一的市场规则。立足代理购电业务，进一步深入研究市场交易规则要求，明晰自身义务，提前研判潜在风险、制定防控预案，加强市场交易合规培训、解读、宣贯，提升合规交易知识储备，增强合规交易思想自觉和行动自觉。积极配合政府有关部门开展电力交易履约监管，自觉遵守电力交易市场秩序，尊重其他市场主体合法权益，树立公司合规形象。依法依规采取妥善方式维护自身权益。

2. 代理工商业用户用电规模预测

严格落实电网企业预测代理工商业用户用电规模的政策要求，建立健全代理购电预测相关工作机制，落实工作责任，按照政策要求中的特殊预测要求，有针对性地组织开展定期预测、分类预测、单独预测，适时开展代理购电规模预测落实情况督查督办，对于预测不及时、预测方式不满足要求的情况及时查改，做好预测过程及预测结果相关文件的留档备查工作。

3. 代理购电用户电价

严格执行政策文件中关于电网企业代理购电用户电价形成方式有关要求，按国家法律法规及政策与代理购电用户结算电费。对于代理购电中拟按规定执行"1.5 倍价格"特别电价的用户，应依法合规明确认定主体、认定标准和认定程序。在具体认定中，要严格审查其是否属于政策规定的执行范围，妥善留存用户相关证明材料，尽可能取得合同等用户已知情确认的书面证明材料。在结算过程中与用户沟通协商应注意证据留存，确保合规认定用户、合规计算电量、合规结算电费。

4. 代理购电用户电价测算

严格落实电网企业代理购电价格、代理购电用户电价有关要求，建立健全相关工作机制，压实工作责任，确保按月测算、及时公布、次月执行的政策要求落实到位。价格测算应符合国家政策要求和公司统一规定，及时完成内部审批和政府备案相关程序。测算价格须及时公布，将"提前 3 日"作为公布日期的硬约束，确保符合时限要求，并开通便于用户自主查询的电价信息渠道。加强数据发布审核，各线上线下渠道价格测算公示内容须确保一致，避免引起数据冲突产生的争议。

5. 购电、售电电价政策执行

积极配合价格主管部门、电力交易机构，按照政策要求落实好电价形成机制，主动主管部门沟通、汇报。严格执行电价政策，禁止违规制定电价、擅自变更电价、违规执行电价、变相违规执行电价等行为，确保改革政策落地。注重加强电价执行政策的精准宣贯和日常培训，强化电费电价内部审核，避免发生违规行为。

四、电费结算与缴纳

1. 做好电费审核与结算

严格执行法律规定和相关结算协议约定的结算标准，确保结算工作符合交易规则、合同约定和财务支付制度的相关要求。对收集数据的真实性和客观性进行必要的审核，避免基础数据错误，强化合同依法依约履行。电费结算周期结束前，用户对电费、电价、电量等有异议的，要做好调查核实与解释说明工作，及时与地方政府主管部门进行有效沟通，扎实电费回收基础。

2. 持续完善电费结算模式

与代理购电用户的电费结算原则上应延续以往结算方式，在结算内容上应明确约定电费具体构成。各省公司要根据地方经济发展形势，时刻关注政策变化，及时调整电费催收措施，加强电费回收风险防控。通过合同约定落实好电费违约金制度，不因代理购电关系建立而减少或减免电费违约金，有效维护电网企业合法权益。

3. 严控资金结算成本

严格控制电网企业在代理购电过程中资金垫付风险，发电企业与电网侧完成电费结算时，电网侧应按时间节点及时与用户侧结算，尽可能减少时间差额，避免增加电网资金成本。用户未如期、足额交纳电费的，应按照合同追究违约责任，拟采取停电措施的，应做好提前告知和证据留存，依法合规实施停电工作。